디자인은 휴머니즘이다
고로 존재한다

디자인은 휴머니즘이다

고로 존재한다

백지희 지음

DESIGN IS
HUMANISM

빅마우스

시간을 견딘 것만이 우리 곁에 남는다.
기억되는 것만이 지속된다.

중심을 잃지 않은 날마다의 잔걸음이 존재의 획이 되고 삶이 된다.

모스크바 붉은 광장, © 백지희

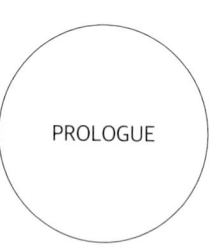

PROLOGUE

○
**사적인 시선으로 써 내려간
공적인 이야기**

1995년에 직장생활을 시작했으니 딱 30년이 되었다. 디자이너, AE, 기획자, 디자인 연구소 소장, 겸임교수, 대표이사. 그간 내 명함에는 다양한 직종과 직함이 찍혔다. 목표지향적 인간은 못 되는 내가 '무엇이 되어야겠다' 하며 변화해온 적은 한 번도 없었다. 그저 매 시기 맡은 역할에서 부족한 부분을 채워가며 '밥값'은 해보려고 애쓰던 여정이었다.

돌아보니, 30년 동안 색깔이 다른 구슬 같은 나의 업무들을 꿰고 있던 실은 '디자인과 브랜딩'이었다. 그리고 그 역할들에서 가장 기본은 '디자인을 통한 세상과의 커뮤니케이션'이었다는 사실을 이제야 깨닫는다. 개인 포트폴리오 첫머리와 회사소개서 헤드라인이었던 문구가 일상의 업무로 무감각해진 나에게 봄밤의 라일락 향기처럼 느닷없이 덮친다.

'디자인을 통한 세상과의 커뮤니케이션'

평생 해오던 일을 새삼스레 언어로 규명하고 나니, 자식 여럿 둔 노부老夫, 老婦의 연애처럼 다시 쑥스럽게 가슴이 뛴다. 내가 해오던 일들은 즐거웠으며, 가치 있었고, 그 과정에서 만난 멋진 브랜드들로 희망을 발견했다. 유수의 글로벌 브랜드와 함께 일하며 배우고 경험을 쌓았고, 작지만 당찬 브랜드들과 함께하며 다시 배우고 보람을 느꼈다.

이 책에서 자신만의 소신을 품은, 작지만 큰 브랜드들을 소개했다. 디자인이 강점인 브랜드들 중 최대한 다양한 분야의 브랜드들을 선별했다. 관통하는 키워드는 '디자인'과 'ESG'이다. 그리고 그 둘의 공통분모는 '사람'이다.

쉬운 이해를 위해 ESG에 대한 적극적인 실천이 비즈니스 모델 자체인 사례들을 선정했다. 경제적 수익 창출과 사회적 가치 창출을 대립의 개념으로 인식하는 독자들이 이 책 속 사례들을 통해 새로운 시각을 가질 수 있길 바란다.

창의적인 사고로 경영의 과정에 접목하여 소비자와 더 가까워지고 이미지가 새로워지면 결과적으로 'ESG 마케팅'의 효과도 누릴 수 있을 것이다. 단, 진심으로 실천하다 보니 자연스럽게 알려지는 '마케팅'이 되어야 한다. 그래야 소비자들이 배신감으로 등 돌리고 마는 'ESG 워싱'의 부메랑을 맞지 않을 수 있다.

기업의 성장에 대한 공적이며 개념적인 이야기에 감탄하며 응원했고, 때로는 팬심을 품고서 바라보았다. 공적인 이야기를 지극히 사적인 시선으로 써 내려갔다. 처음에는 대학원 수업 시간에 사용할 교재를 쓸 계획이었는데, 그들의 아름다운 이야기에 너무 몰입되다 보니 감정을 분리해내기가 어려워졌다. 그대로 담고 나니 에세이 형식이 되어버렸다.

브랜드마다 디자인이 개성 있고 탁월하여 화보 같은 느낌이 들기도 한다. 사례의 길이 측면이나 사실 기반이라는 점에서는 '북저널리즘' 형식을 빌려 왔다. 그러고 보니, 이 책은 '업세이業+essay'라고 표현해도 되지 싶다.

장르를 뭐라고 규정하든 간에 저술 의도는 ESG 경영이 지닌 진지함과 딱딱함을 아름답고 따뜻한 스토리로 싸안아 스며들 듯 전달하는 것이다. 간혹 개념적인 단어들이 나오지만 최대한 쉽고 짧게 설명했다. 궁금한 어휘는 독자들이 더 찾아볼 수 있도록 의미만 간단히 설명하고 넘어갔다.

'ESG'는 이 책의 중요한 축이지만, 본문에서 그에 대한 설명은 한두 챕터 빼고 거의 찾아볼 수 없을 것이다. 책장을 덮으며, '아하!' 하고 느껴주면 기쁠 것 같다.

'디자인' 또한 마찬가지로 이론이나 어느 부분의 디자인이 왜 잘된 것인지에 대한 설명은 최대한 자제했다. 그 역시 그냥 '좋은데!' 하고 느껴주면 감사하겠다. 디자인을 경영에 효과적으로 활용하면 비즈니스 성패를 좌우할 수 있다는 것을 피부로 체감하길 바라는 마음이다. 각 브랜드가 디자인을 통해 전하는 메시지에 귀 기울일 수 있도록 설명을 아꼈다.

○
"ESG 따셨어요?
유행 곧 지나는 거 아니에요?"

지난 겨울 중소기업의 경영진을 대상으로 주최한 ESG 관련 세미나에 참석했다. 같은 테이블에 앉아 있던 참여자들의 대화가 들려왔다.
"ESG 따셨어요? 유행 곧 지나는 거 아니에요?"

순간 가슴이 답답해졌다.
'ESG 마케팅'이라는 세미나 타이틀 자체도 마음이 불편했지만, 의도를 이해할 수는 있었다. 마케팅으로 활용할 수 있으니 꼭 참여하라는 독려의 메시지였을 것이다. 하지만 정확한 개념이 이해되지 않은 상태에서 그 타이틀이 올바른 접근법이었는지는 의문이다.

많은 사람이 들어보았다는 ESG. 그런데 실제로 의미를 설명하지는 못하는, 애매하게 소비된 용어라는 걸 알고 있었다. 하지만 현장에서 ESG 인식의 현주소를 체감하고 나니, 내가 할 수 있는 것 그 무엇이든 해야겠다는 생각이 들었다. 집으로 돌아와 바로 책상에 앉아 원고 기획을 시작했다.

환경과 사회, 공정성 등의 문제들이 기업 가치평가에 트리거가 되면서 'ESG Environment, Social, Governance'라는 용어가 등장했다. 그 안의 개념 하나하나는 이미 오랜 기간 중요시된 이슈들이었지만, 기업의 지속적인 생존과 맞물리면서 하나의 큰 개념으로 묶여 메가트렌드로 대두되었다.

ESG에 대한 이해가 어려운 것은 투자자 관점에서 제시된 구체적 측정 항목들의 경직성 때문이기도 하고 생소한 용어 때문이기도 하다. 하지만 더 근본적인 이유는 본질적 의미와 필요성을 인식하기보다 먼저 평가에 대한 부담과 단기적 효과에 주목하기 때문이다.

대한민국 일타강사의 능력을 보여주려는 듯, ESG 컨설팅 또는 인증기관에서는 빠른 시간에 좋은 평가를 받도록 족집게 과외를 해주곤 한다. 이것 자체가 무조건 나쁘다고 할 수는 없지만, 이 시점부터 본질이 외면당한 ESG 워싱이 시작되기도 한다.

이 책에 실린 사례들을 통해 ESG의 큰 틀을 쉽게 이해하고 즐겁게 실천하며 내재화할 수 있길 바란다. 먼저, 복잡하고 딱딱한 용어에 대한 불편한 거리감이 사라지면 ESG 인증에 필요한 실천 가이드도 몸에 좋은 허브차처럼 음미하며 흡수할 수 있을 것이다.

○
디자인과 ESG

인간의 삶의 질을 개선하기 위한 디자인의 기능과 소명은 시간이 흘러도 변하지 않는다. 미국의 경제학자이자 카네기멜론대학교 교수인 허버트 사이먼은 디자인을 '현존하는 상황을 더 선호하는 상황으로 바꾸기 위해 일련의 행동 제안'이라고 규정했다.

오늘날 디자인은 개인의 삶, 사회, 더 나아가 우리가 살아가는 지구의 문제를 푸는 방법으로써 그 중요성이 더해지고 있다. 그리고 여기서 디자인과 ESG의 자연스러운 만남이 이루어진다. 디자인은 문제를 시각화하고, ESG는 그 해결 방향을 제시한다. 또한 디자인은 복잡한 ESG 개념을 직관적으로 이해하게 하고, ESG는 디자인에 의미와 목적을 부여한다.

기업에 대한 그리고 좋은 경영자에 대한 기준과 생각이 달라지고 있다. 사회적 가치를 창출할 때 경제적 가치도 창출될 수 있다는 것이 자연스럽게 사례들을 통해 독자들에게 전달되었으면 한다.

창업을 꿈꾸며 새로운 출발선에 있는 사람들, 이미 스타트업을 시작하여 힘든 과정을 겪고 있는 경영자들, 현업의 디자이너들 그리고 이 시대를 어떻게 살아가야 할지 고민하는 모든 이가 이 책에 소개된 사례들을 통해 영감을 얻길 바란다. 더불어 이 책에 소개된 브랜드에도 도움이 되었으면 한다.

디자인도, ESG도 사람을 이롭게 한다. 디자인은 ESG를 써 내려가는 행동의 언어이다.

사례로 다루어진 브랜드가 유쾌하고 매력적인 것은 그들이 스스로 기쁨을 누리고 자긍심을 가지고 있기 때문이다. 소개된 어느 한 브랜드도 사회에 좋은 일이라며 소비자에게 의무감을 강요하지 않는다. 제품과 서비스의 품질로 승부하고 디자인으로 즐거움을 준다. 그들은 스스로 행복해하고 스스로 빛난다. 그것이 지속성의 원천이다.

ESG는 대기업만 할 수 있는 일이 아닐뿐더러 지나가는 유행어 또한 아니다. ESG는 이 사회를 구성하고 있는 기업의 '기본 태도'여야 한다. 디자인과 ESG는 동떨어진 개념이 아니다. 그들은 브랜드 가치를 더하고 지속성을 유지하기 위한 불가분적 관계임이 이해되면 좋겠다. 디자인은 브랜드 철학을 전달하는 공감과 소통의 도구이기 때문이다.

우리는 지금, 미래를 디자인하는 중요한 선택의 기로에 서 있다. 디자인은 단지 '어떻게 보이는가'의 문제가 아니다. 심미성과 기능성을 넘어, 지속가능성과 사회적 책임을 고려하는 디자인은 우리 사회의 가장 긴급한 문제들에 대한 실질적 해결책을 제안한다.

디자인은 거창한 선언문이나 복잡한 정책이 아닌, 우리가 매일 사용하는 제품과 서비스 그리고 인식의 개선을 통해 현재의 일상과 미래의 삶을 새롭게 그려내는 청사진이다.

책에 실린 사례들을 통해 소신 있고 매력적인 브랜드들이 디자인을 어떻게 활용하여 ESG 경영을 실천하는지 영감을 얻었으면 한다. 그 반짝이는 영감이 기업과 브랜드 나아가 우리 사회에 스며들어 변화의 물결로 확산되길 바란다.

백지희

CONTENTS

PROLOGUE   6

PART 1	**어둠을 밝혀주는 디자인**	01 솔라카우	18
		02 돌봄드림	38
		03 119REO	54

PART 2	**건강한 내일을 위한 디자인**	04 대지를 위한 바느질	72
		05 보후밀	88
		06 솔트레인	100
		07 죽음의 바느질 클럽	118

PART 3	**이웃과 동행하는 디자인**	08 마르코로호	144
		09 핸드픽트 호텔	158
		10 감자아일랜드	178

PART 4	**연결과 확장의 디자인**	11 일일호일	200
		12 키뮤스튜디오	220
		13 로컬스티치	238
		14 펜두카	258

PART 5	**우리 동네 ESG**	15 안녕, 낯선사람	280
		16 밤의서점	294
		17 밴드 분리수거	308

EPILOGUE　　328

PART 1

어둠을 밝혀주는 디자인

—

솔라카우 / 돌봄드림 / 119REO

솔라카우

○
아수라장이 된 1시간 50분의 어둠, 체념이 된 일상의 어둠

'아무것도 할 수 없었다.'

2023년 12월 6일 울산에서 1시간 50분 동안 정전 사고가 발생했을 당시 신문 헤드라인이다. 그다음 줄은 '아수라장', '속수무책' 등의 단어들로 이어져 있다. 기사의 사진과 인터뷰를 보면 전쟁터를 방불케 했다.

그도 그럴 것이, 화려한 간판들로 번쩍이던 거리가 한순간에 암막 커튼으로 덮인 것이다. 응급실의 진료 기계도 갑자기 서고, 거리의 신호등까지 멈춰버렸으니 큰 혼란이 빚어진 건 어쩌면 당연한 일이다.

급히 수습된 후에도 관공서에 민원이 빗발쳤고 책임을 가려내고자 하는 2차 혼란이 이어졌다. 예기치 않게 일상이 무너지면 우리 안에 있는 한없는 연약함이 분노를 통해 민낯을 드러낸다.

지구 반대편 케냐. 이곳에서는 전력부족으로 칠흑같이 까맣고 적막한 밤이 일상이다. 아침이 시작되고 태양 빛으로 세상이 채워지면 아이들은 소를 돌보러 나가거나 묵직한 충전기를 들고 서너 시간을 걸어 유료 충전소로 향한다. 충전기를 채워 다시 돌아오면 어느새 오후가 된다. 다시 밤이 되면 익숙한 어둠과 함께 체념이 공기 속으로 내려앉는다.

살면서 수년에 한두 번씩 정전을 경험하곤 한다. 올해 초에도 서울에서 사다리차가 전봇대 전압장치를 건드려 30분짜리 정전 사고가 발생했다. 30분이든 두 시간이든 우리는 패닉 상태에 빠진다. 우리에게 전기는 공기와 같아서 전기가 없는 순간은 상상조차 할 수 없다.

갑자기 전기를 사용할 수 없을 때 무엇을 할 수 있을까 생각하면 막막해진다. 문화생활이나 여가 활동의 문제가 아니라 기본적인 생활도 할 수 없는 무기력한 존재가 되어버린다.

예측하지 못한 정전 사태는 아파트 10층까지 다리운동을 시켜주기도 하고 냉동실 안의 고기를 다 녹여버리기도 한다. 하지만 환영받지 못한 어둠은 문명의 혜택에 대한 우리의 무감각에 스위치를 켜준다. 평범한 일상에 감사하는 마음을 일깨워준다.

전력이 부족한 아프리카의 삶이 바람직하다고 말하는 것은 아니다. 그저 받아들일 수밖에 없는 현실을 마주하는 그들의 마음이 안타까울 뿐이다. 체념의 표정이 너무도 일상이 되어, 더는 통증이 느껴지지 않는 검보라색 멍 같아 더 마음이 아프다.

콩고, 케냐 등 아프리카 국가들은 에너지 부족으로 어려움을 겪고 있다. 기업과 개인들로부터 도움의 손길이 이어지고 있으나 단발적인 데다가 그 일방적인 도움은 근본적 해결책이 못 된다. 뿌리 깊은 문제들이 해결되려면 문제를 겪고 있는 당사자들이 능동적으로 참여하여 함께 해결해가는 지속적인 시스템이 필요하다.

스타트업 '요크YOLK'는 자신들의 기술력이 문제를 해결할 수 있다는 자신감으로 한 치의 주저함도 없이 아프리카의 에너지 문제해결을 위한 개발을 시작한다. 요크의 소명은 누구나 자유롭게 이용할 수 있는 태양광 에너지를 통해 에너지 문제를 해결하는 것이다.

요크의 태양광 기반 첫 번째 발명품은 얇고 가벼운 스마트폰 충전기 '솔라페이퍼Solar Paper'였다. 솔라페이퍼는 종이처럼 얇아서 일본 얼리어답터들이 지진 대비 장비로 선호하는 프리미엄 제품이다.

이후, 검증된 솔라페이퍼의 기술력을 응용하여 '솔라카우Solar Cow'를 개발했다. 솔라카우는 커다란 소 형태의 태양광 충전기다. 솔라카우는 디자인과 기술의 융합으로 세상을 이롭게 한다는 그들의 철학을 그대로 실천하는 요크의 핵심 비즈니스 모델이다. 이름 그대로 기업 '요크YOLK'의 '노른자YOLK'이다.

이제 솔라카우를 통해 요크가 펼치는 따뜻한 비즈니스가 자라나는 아프리카로 함께 떠나보자.

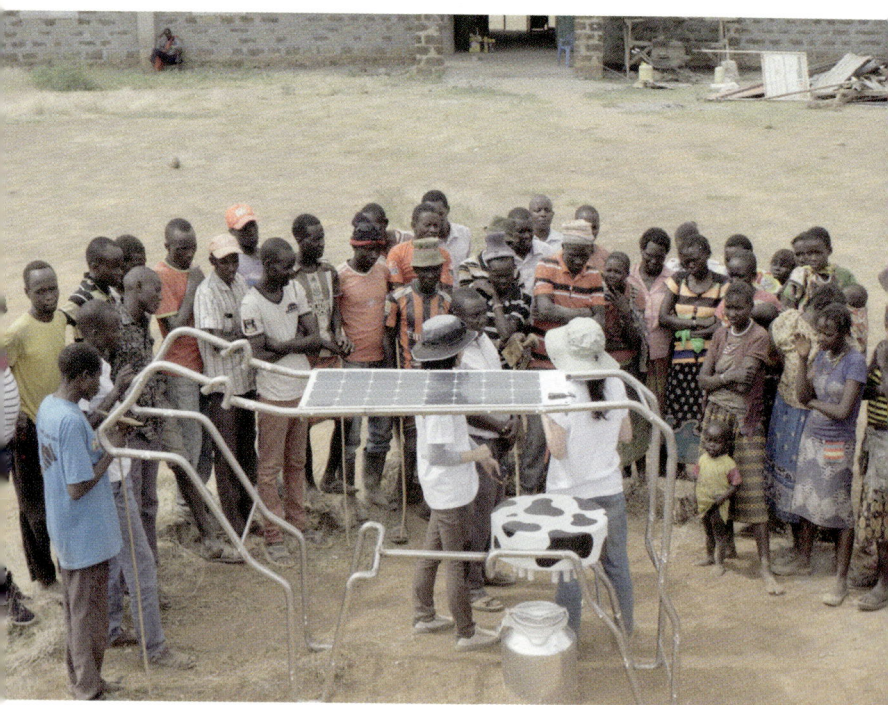

장성은 대표의 설명을 듣고 있는 케냐 주민들, ⓒ 요크

○
따뜻한 가슴으로
돌진하는 코뿔소

솔라카우의 수장 장성은 대표는 여려 보인다. 하지만 그런 인상은 그저 겉모습일 뿐이다. 장 대표는 스스로 '경주마'라고 말한다. 자신이 결정한 일에 대해 뒤돌아보지 않고 달리기 때문이란다. 그런데 아무래도 장 대표는 경주마가 아닌 듯하다. 내가 보기에는 '용감한 코뿔소'다.

조종하는 말 위의 기수 따윈 장 대표에게 존재하지 않는다. 장 대표는 스스로 결정하고 그대로 돌격한다. 그는 무엇에 꽂히면 '그냥' 한다. 원하는 결과를 이룰 때까지 오롯이 집중할 뿐 결과를 걱정하면서 전전긍긍하지 않는다. 그냥 한다는 건 목표가 정해진 뒤의 추진전략이 없다는 이야기가 아니라 머뭇거릴 시간에 행동한다는 말이다.

장 대표는 시카고예술대학 SAIC, The School of the Art Institute of Chicago 에서 '디자인 객체 Design object'를 전공했다. 자신의 창의성을 발판으로 자유롭게 사업을 시도하고자 졸업 직후 창업가의 길로 들어섰다.

우여곡절 끝에 첫 번째 발명품 솔라페이퍼 개발에 성공한 뒤, 장 대표는 우연히 아프리카에 대한 다큐멘터리를 보았다. 아프리카의 심각한 전력공급의 어려움을 다룬 프로그램이었다. 아프리카 에너지 부족 현실과 요크의 주 연구 분야인 태양광 충전과 연결해 생각하다가 솔라카우 프로젝트 아이디어가 떠올랐다.

장 대표는 아이디어를 흘려버리지 않고 곧바로 비즈니스 모델을 구체화하며 스케치를 시작했다. 러프한 목업 제작과 회의를 거듭하고 수정하는 과정을 반복했다. 그리고 드디어 첫 조형물이 완성되었다. 무모한 도전이었지만 첫 번째 프로토타입을 현지에서 설치해봐야만 다음 단계로 나아갈 수 있었다. 모두 결과에 대해 반신반의하고 있었기에 투자나 지원을 기대할 수도 없었다. 함께 일하는 팀원들조차 의구심을 품고 있었다. 그냥 해보는 것 말고 다른 방법은 없었다.

2018년 7월, 동료들을 설득하여 팀원 네 명과 함께 그 조형물을 분해하여 저마다 캐리어에 넣고 케냐행 비행기에 올랐다. 네 개의 다리와 태양광 패널이 붙어 있는 몸통. 태양광 충전 스테이션 '솔라카우'는 그렇게 여행용 가방 안에서 잉태되었고, 세상 밖으로 나오기 위해 케냐로 향했다.

현지답사도 해보지 않았지만 두려움보다는 낯선 땅에 대한 설렘과 기대로 한 치의 머뭇거림도 없었다. 코뿔소처럼 주저 없이 돌진했다. 아이디어가 실제로 구현될 수 있을지, 아프리카가 당면한 전력 문제를 해결할 수 있을지, 현장에서 직접 확인해보고 싶은 마음뿐이었다. 누군가의 결핍을 개선해주고자 하는 강한 의지는, 가로막는 모든 장벽을 부수고 내달리는 코뿔소의 단단한 뿔이 되어주었다.

젊다는 것은 하고 싶은 일을 그렇게 '그냥' 하는 것일지도 모른다. 시도하고 실패하고 또다시 하는 것, 미리 걱정하지 않고 당면한 문제를 해결해 나아가는 것, 그것이 젊은 창업가 정신이다.

창업 6년 뒤인 2018년부터 요크는 '솔라카우 프로젝트'를 본격적으로 선보였다. 현재 요크의 태양광 충전 스테이션 '솔라카우'와 배터리 '솔라밀크$^{Solar\ Milk}$'는 케냐, 탄자니아, 콩고 등 초등학교 30여 곳에 설치되어 있다. 디자인 개선을 통해 하루에 충전할 수 있는 배터리 솔라밀크의 숫자도 초기 30개에서 250개 정도로 늘었다. 그 덕분에 솔라카우 한 마리가 한 동네 모든 가정의 불을 밝힐 수 있게 되었다.

솔라카우 프로젝트의 출발점은 타인의 아픔과 결핍에 대한 공감력이다. 디자인과 기술이 창의적으로 융합된 이 프로젝트는 소처럼 우직한 장 대표의 뚝심이 빚어낸 따뜻한 기술의 역작이다.

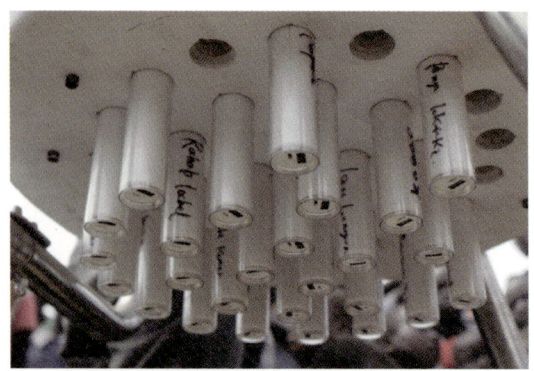

솔라카우, ⓒ 요크

적정기술과 디자인휴머니즘

개발도상국에서의 개선이 시급한 삶의 문제들은 대부분 복합적으로 얽혀 있다. 빈곤과 교육 그리고 차별 등의 문제점들이 한꺼번에 존재한다. 요크의 솔라카우 프로젝트는 에너지와 교육 문제를 동시에 해결하는 사회 문제의 '맥가이버 칼' 같은 스마트한 솔루션이다.

케냐, 탄자니아 등의 아프리카 개발도상국들은 전기 부족으로 삶의 질이 무척 저하되어 있다. 생활에 불편함을 겪는 와중에 핸드폰은 보급과 동시에 그 의존도가 극대화되었다. 밥은 못 먹어도 핸드폰은 있어야 한다는 건 아프리카에서 쉽게 들을 수 있는 이야기다.

은행을 찾아보기 힘든 실정에서 핸드폰은 개인 간 소통의 역할뿐만이 아니라 은행의 역할도 해준다. 아이들은 휴대폰 충전을 위해 매일 왕복 4~6시간을 들여 유료 충전소를 오간다. 충전비도 비싸서 한 가정의 수입에서 전기료가 차지하는 비중은 최소 15% 이상이다.

솔라카우 프로젝트는 언뜻 이질적으로 보이는 디자인과 기술을 융합하여 고질적인 사회 문제를 조화롭게 풀어내고 있다.

먼저, 디자인 측면을 살펴보면 기본 모티프를 그들에게 소중하고 긍정적 인식이 있는 소의 형태를 활용했다. 농경 사회인 아프리카 지역에서 소는 재산이며, 함께 살아가는 친근한 동물이다. 아이들의 20%는 소를 돌보는 게 일상이다. 어린아이들이 소를 돌보는 게 아니라 소로부터 도움받게 하자는 아이디어를 시작으로 솔라카우는 탄생했다.

솔라카우의 등 위에는 태양광 패널이 있고, 배 쪽에는 우유병 모양의 배터리를 꽂을 수 있는 충전판이 있다. 소 형태가 아닌 일반 전기제품 형태였다면 아이들이 이 생소한 기술을 처음 접했을 때 이처럼 쉽게 다가가지는 않았을 것이다. 늘 접하는 소의 친근함이, 소에 대한 감사함이 그리고 우유병 모양의 충전기가 더해준 재미와 호기심은 보지 않아도 상상이 간다. 열 살의 나였더라도 매일 아침 눈뜨면 학교부터 가고 싶어졌을 것이다.

부모들의 호응도 또한 높았다. 솔라카우가 설치된 학교의 학생 출석률은 계속 올라갔다. 유로 충전소 대신 아이들이 학교에서 무료 충전으로 완충한 충전기를 집으로 가지고 돌아온다는 것에 반대할 부모가 어디 있겠는가.

솔라카우 프로젝트를 운영하면서 덤으로 얻은 유의미한 성과는 아이들이 스스로 느끼는 '효능감'이다. 아이들은 자신들이 가져간 충전 배터리 솔라밀크로 어두운 집을 환히 밝히고, 불편함 없이 요리도 하며 기뻐하는 가족들을 바라보며 가족 구성원으로서 한 역할을 한다는 뿌듯함과 자신감을 얻었다.

기술적인 면에서는 최첨단의 '혁신 기술'을 고집하기보다 오히려 '적정 기술'을 적용한 부분이 돋보인다.

솔라카우는 급속 충전을 할 수 없다. 아니, 할 수 없는 것이 아니라 할 수 없도록 디자인되었다. 아이들에게 충분히 공부할 시간을 제공해야 했기 때문이다. 또한 하루치 양만큼만 충전되도록 설계되어 있다. 이 또한 아이들을 매일 학교로 나올 수 있게 고안된 기술이다.

솔라카우의 우유병 모양 배터리에는 각각의 아이디 코드가 디지털로 삽입되어 있다. 아이들이 학교에 와서 솔라카우 본체에 휴대용 배터리를 꼽는 순간 기록으로 남아 자동으로 출석 체크가 되는 시스템이다.

충전 시간을 느리게 만들고, 충전량을 조절하고, 단자를 독특하게 디자인하여 반드시 학교에 설치된 솔라카우에서만 충전이 되도록 했다. 솔라카우에 적용된 적정기술은 부모들이 아이들을 학교에 보내야 하는 이유를 만들어준 디자인휴머니즘의 발현이다.

이러한 세심함은 차가운 첨단 기술의 향연이 아니라, 인간 삶의 질을 높이기 위해 활용되는 기술의 본질에 진정성을 더한 속 깊은 절제에서 기인한다.

아이들이 돌보던 소가 이제 태양 빛을 품고 그들의 미래를 밝혀주고 있다.

아얀투 커피, ⓒ 요크

희망의 소를 성장시키는
에티오피아의 향기

끊임없는 도전과 노력으로 태양광을 중심에 둔 요크의 혁신성은 이미 전 세계에 널리 알려졌다. 그런 요크가 2022년에 '아얀투 AYANTU'라는 커피 브랜드를 론칭한다. '생뚱맞다'라는 반응도 있었지만, 그 또한 장 대표의 문제해결책이었다.

요크는 현지 정부와 국제기구에 솔라카우를 납품하는 형태로 낮은 수익성을 내고 있었다. 이를 개선하기 위한 수단으로 대중성 있는 커피를 택했다. 솔라카우 프로젝트의 지속성과 확산을 위해 검은 땅 아프리카가 가지고 있는 또 다른 자산을 활용한 것이다.

에티오피아에서 흔한 여자아이 이름인 아얀투. 커피 생두는 에티오피아 현지 농장에서 수입한다. 장 대표는 농장주에게 "솔라카우를 설치해줄 테니 최고의 생두를 판매해달라"고 설득하여 커피를 유통하게 되었다.

아얀투는 '에티오피아 CoE Cup of Excellence'라는 커피 대회에서 상위 30위권에 든 생두를 비롯하여 하이앤드 커피를 엄선하여 취급한다. 드립백, 콜드브루, 캡슐 등으로 다양한 형태로 판매된다. 좋은 품질과 합리적 가격, 패키지만 봐도 기분이 좋아지는 제품 디자인을 두루 다 갖추었다. 선물하는 사람을 멋져 보이게 하는 솔라카우 스토리는 덤이다.

요크는 커피 매출의 10%를 솔라카우 설치와 그 운영에 사용한다. 솔라카우의 태양광 에너지는 기존에 아프리카에서 사용하던 화석연료 '케로신 Kerosene'이라 불리는 등유를 대체한다. 그래서 아얀투 커피를 마시면 기후변화협약, 즉 UNFCCC United Nations Framework Convention on Climate Change 방법론 기준으로 계산했을 때 한 잔당 5g 정도의 탄소가 감축된다.

아얀투 커피 한 잔은 한 가정의 하루치 빛이 되는 양으로, 아이들을 학교로 가게 만드는 매개체가 된다. 아얀투 커피를 365일 마시면 한 가정의 1년 치 불을 밝혀주는 것이라고 장 대표는 진심 어린 눈으로 말한다.

요크는 더 나은 세상을 만들기 위해 지속 가능한 솔루션으로 혁신을 거듭하고 있다. 이러한 행보는 우리에게 기업의 소명이란 무엇이고, 어떤 자세로 지켜나가야 하는지 되돌아보게 한다. 동시에 소명을 지켜나가기 위해 기업의 생존이 무엇보다 중요하다는 사실을 다시 한번 일깨운다.

'곳간에서 인심 난다'는 옛말처럼 이윤을 충분히 남긴 후에야 사회적 가치를 생각하겠다는 기업의 태도는 더 이상 통하지 않는다. 패러다임이 바뀌었다. 오히려 이러한 접근은 가치를 중시하는 소비자들의 등을 돌리게 하고, 결국 기업의 곳간을 비워놓는 역설을 만든다.

솔라카우 프로젝트는 사회적 가치를 창출하는 과정에서 보람과 명성 그리고 장기적 자산을 축적할 수 있음을 보여준다. 추진력과 지속력, 유연함을 갖춘 융복합적 비즈니스 모델의 좋은 사례다.

○
기술과 디자인이
손 맞잡고 밝히는 미래

요크는 태양광 기술을 기반으로 2012년에 출범한 뒤, 스타트업에게 '죽음의 계곡'이라 불리는 어려운 시기에도 끊임없이 기술 개발을 시도하며 발전해왔다. 요크는 프로젝트에 임할 때마다 문제를 일시적으로 봉합하는 게 아니라 문제의 핵심을 꿰뚫는 해결사가 되고자 한다.

태양 에너지를 기반으로 사업을 추진해온 요크는 인류 행복에 기여하는 과정을 통해 돈을 벌고 싶다고 말한다. 요크는 스스로 영리 기업이라고 규정하면서도 사람들을 도우며 성장해왔다. 이러한 모습은 창업을 꿈꾸는 후배들에게 성공의 또 다른 의미를 일깨운다.

솔라밀크와 아이들, ⓒ 요크

요크는 관습과 문화에 대한 이해를 바탕으로 문제로 접근한다. 사람들의 마음을 열고 들어가 함께 문제를 풀어간다. 그 매개로 디자인을 활용했다.

문제를 파악하고, 공감하고, 문제해결을 위해 치열하게 고민하고, 그 해결책을 가시화하고 실체화하는 작업, 이것이 환경Environment과 사회Social와 지배구조Governance의 ESG 경영을 실천하는 기업 요크의 디자인 씽킹 프로세스다. 디자인 씽킹 자체가 이 책의 주제는 아니지만, 문제해결의 과정으로 주목해보는 것은 충분한 의미가 있다.

2017년 첫 번째 발명품인 태양광 충전기 솔라페이퍼는 미국 라스베이거스에서 열리는 국제가전제품박람회^{CES}에서 혁신상을 받았다. 이후 요크의 화려한 행보는 계속되었다. 미국 시사주간지 〈타임〉이 선정한 '2019년 최고의 발명품'에 오르기도 했다. 2019년 솔라카우로, 2022년 '솔라카우 시스템-라디오 버전'으로 연이어 태양광 관련 기술개발로 혁신상을 받았다.

이러한 성과는 기술력뿐만 아니라, 문화와 인간에 대한 진정성을 기반으로 한 창의적 역량이 발현되었기 때문이다.

태양광 소가 아프리카 어린이들에게는 교육받은 밝은 미래를, 혁신기업 요크에게는 보람과 영광을 안겨주었다. 솔라카우는 소외된 사회에 더 나은 미래를 만들고자 하는 요크의 소망을 가장 적극적으로 실천하는 프로젝트다. 그래서 자신들의 발명품 중 노른자라 여긴다.

어린 학생들이 수업을 마치고 충전이 완료된 휴대용 모듈형 배터리 솔라밀크를 들고 즐겁게 집으로 돌아가는 모습을 보면 그동안의 모든 어려움은 아프리카 태양 아래 녹아내린 눈처럼 흔적도 없이 사라진다.

자기 삶에서 직접 경험하지 못했던 지역인 아프리카의 문제에 공감하고, 그 문제를 해결하기 위해 현장으로 뛰어 들어간 요크의 장성은 대표는 아무도 예측하지 못한 코로나19의 출현 또한 그만의 방식으로 돌파구를 찾아가며 극복했다.

코로나19가 창궐한 기간에는 당연히 아이들이 학교에 나올 수 없었다. 그래서 요크는 솔라밀크에 라디오와 MP3 기능을 탑재해 학생들이 집에서 학습할 수 있도록 추가 개발을 했다. SD카드에 저장한 교육 콘텐츠를 반복 재생해 복습도 가능하게 했다. 충전기는 일주일에 한 번 장터에 오는 날 교체해주었다. 이는 후에 추수 기간 중 일손이 부족해 학교에 나오지 못하는 아이들에게도 유용하게 사용되었다.

문제를 해결하고자 하는 의지는 험난한 장벽을 넘어선다. 오히려 솔라카우 프로젝트는 코로나19 시국에 빛을 발하며 일상 속으로, 사람들의 마음속으로 더욱 깊숙이 들어갔다. 사람의 마음을 여는 마지막 열쇠는 날것의 기술이 아니라 그 기술을 감싸안은 따뜻한 마음이다. 좋은 디자인은 그 마음과 창의적 콘셉트를 전달하는 치트키다.

개인에게도 그렇지만 브랜드에도 '어떻게 살 것인가?', '신념을 위해 무엇을 할 것인가?'라는 근본적 질문을 던지는 것과 각자의 방향성을 설정하는 것은 매우 중요하다. 그 지표는 브랜드에 길을 잃지 않도록 인도하는 북극성이 되어준다. 기업이나 브랜드가 미션에 대한 고민 없이 출발한다는 건 실패하겠다 작정하고 출발하는 것과 같다. 기업은 그 결과로 초래되는 개인적, 사회적 여파를 모두 감당해야 할 책임이 있다.

'사회적 가치 창출과 경제적 가치 창출, 디자인과 기술.'
우리가 대립적이라 생각했던 이 개념들은 서로 맞닿아 있다. 마치 우리들의 왼팔과 오른팔을 힘껏 벌려 지구를 껴안고 양손을 맞잡은 듯이 그렇게 한 몸의 개념인 것이다.

아프리카 태양 아래 기술과 디자인이 맞잡은 손에서 미래의 희망을 읽는다.

돌봄드림

성공한 브랜드,
성공 중인 브랜드

'걱정이 된다.

아픈 건가…… 지쳐버린 걸까……

어쩌면 새로운 서비스를 계획하는 중일지도…….'

이 책을 통해 나는 스타트업을 꿈꾸는 모든 이의 시작을 응원하고자 희망찬 성공 사례들을 담고자 했다. 전체의 방향성을 흐트러트리지 않기 위해 쓰고 있던 원고 모퉁이를 잠시 접어놓고, 다음 페이지로 떠나는 여정의 발걸음이 무겁다.

'윤슬케어', 아름답고 여리지만 강한 이야기.

스물둘에 갑자기 찾아온 암을 극복한 20대 청년이 과거의 자신과 같은 상황에 처한 암환우를 위해 만든 서비스 플랫폼이다. 엄연한 비즈니스 모델이고, 도움을 받는 환우들과 가족들에게는 한 줄기 희망이었다. 이와 같은 프로그램들이 지속성 있는 비즈니스로 잘 안착해주길 기도하는 마음으로 바라보고 있었다. 아니, 바라보고 있다(과거형으로 말하지 않겠다).

윤슬케어는 암환우와 함께 투병 일기를 쓰고, 병원으로 향하는 지독히 외로운 치료의 길을 실제로 동행해준다. 당당히 사회의 일원으로 '암밍아웃'할 수 있도록 손을 잡아주는 암환우를 위한 동행 플랫폼이다. 멘티로 참여하는 환자와 멘토로 함께하는 암 투병 경험자에게 동시에 큰 위로가 되어주었던 3년 넘게 꾸준히 성장해온 사업이다.

윤슬케어는 암환자가 급속히 증가하고 있는 현실에서 우리 모두가 함께 살아가기 위해 꼭 필요한 비즈니스이다. 감사하고 조심스런 마음으로 원고를 작성하던 중 뚝 끊겨버린 기사와 SNS 소식에 당황스럽고 우려가 된다. 모든 매체에 아무런 업데이트가 없고 챗봇도 대답을 안한다. 마음이 타다 남은 종이처럼 바스락거린다.

성공한 비즈니스란 무엇일까? 사업에서 변수가 생기거나 계획대로 되지 않았을 때, 우리는 그것을 '실패'라고 부른다. 머지않은 미래에 돌이켜보면 '성공하는 중'이었을 수도 있고, 누군가의 후속 비즈니스에 너무도 중요한 '밀알'이 되어 있을 수 있다. 그러나 우리는 초등학교 운동장에서 돌멩이로 그은 줄, 그 줄을 밟으면 선수가 교체되어야 했던 놀이처럼, 과정이 계획과 달라지거나 잠깐의

실수가 있었을 때 그냥 '실패'라고 성급히 단정해버린다.

굳이 성공과 실패, 두 가지로 나누어야 한다면 어떤 이유이든 어떤 상황이든, 윤슬케어 정승호 대표, 그의 출발과 행보는 성공의 영역 안에 있다고 나는 본다. 그 과정에서 함께했던 암환우들이 받았던 위로와 희망을 '윤슬케어의 성공'이라 이름한다. 단지, 비즈니스로서의 향후 전망을 지금 바로 선명히 전할 수 없으니, 응원의 마음은 펼쳐놓고, 잠시 기다려보기로 한다. 의미 있는 출발을 한 성공 중인 브랜드들이 사랑받으며 장수하기를 펜을 든 채 두 손을 꼭 모으고 기원해본다.

다음 이야기로 준비하고 있던 ㈜돌봄드림의 '허기HUGgy' 이야기를 종이에 쏟아낸다. 허기 역시 타인의 어려움에 대한 깊은 공감 없이는 생각해낼 수 없는 비즈니스 모델이다. '허기HUGgy'는 '안아주는 것'이라는 이름처럼 아름다운 제품개발 이야기이다. 비지니스의 중심 아이디어가 안아주기라니, 참 소소하고 따뜻한 출발점이다.

윤슬케어와 돌봄드림, 이 두 기업의 대표는 전혀 다른 캐릭터이지만 뜨끈한 마음 온도가 같은 대한민국 20대 청년 기업가들이다. 이들의 따스하고 힘찬 심장박동이, 그 상황에 놓여 있는 절박한 이들에게는 실질적인 도움을, 이야기를 읽는 독자에게는 깊은 울림을 남길 것이다.

○
골든타임을 지켜준
포옹의 기술

돌봄드림은 인간의 부정적인 감정을 해결하는 제품과 서비스를 개발하는 멘탈 헬스케어 스타트업 기업이다. 생체정보와 데이터를 바탕으로 인간이 느끼는 긴장, 초조, 불안, 공포 등의 부정적인 감정을 극복하도록 도와준다.

돌봄드림의 김지훈 대표는 카이스트의 기술 경영학과를 졸업했다. 창업융합 전문 석사과정에서 소셜벤처 사업의 취지와 가능성에 대해 깊이 생각할 기회를 갖게 되었다. 소셜벤처를 통해 사회적 문제를 해결하는 가치를 추구하면서, 동시에 수익 창출을 일으켜 경영 측면에서도 지속 가능할 수 있다는 것을 깨닫게 되어 창업의 꿈을 키우게 된다.

김 대표는 우연한 기회에 복지관에서 근무하던 친구와 발달장애인 문제를 논의하게 되었다. 발달장애인들은 치료를 위해 3년에서 5년 정도의 시간을 대기하여야 하는데, 그 대기시간으로 인해 치료 시기를 놓치는 경우가 있다는 안타까운 현실에 대해 듣게 된다. 친구와의 대화를 계기로 기술개발을 통해 발달장애인들에게 도움을 줄 수 있을지 고민하기 시작한다.

그 후 직접 복지관 봉사활동을 하던 중, 발달장애인에게 심부 압박으로 안정감을 주기 위해 중량 조끼를 입히는 것을 보게 된 것이 본격적으로 사업을 구상하게 된 계기가 되었다. 중량 조끼는 원래 군인들이 무거운 짐을 나르기 위한 훈련용으로 개발되었다. 중량 조끼를 입고 운동을 하면 체중 감량의 효과가 있다고 하여 요즘에는 성인의 운동용으로 주로 쓰이고 있다. 그러나 납으로 무게를 조절하여 압박하는 원리의 중량 조끼는 성장기 아동의 뼈에 큰 무리를 주고, 물리적으로 행동을 제한한다.

중량 조끼를 사용하지 못하는 경우에는 발달장애인들을 베드에 눕혀놓고 심부를 압박하기도 하는데 이 역시 신체와 더불어 심리적으로도 부정적인 경험이고 치료사에게도 힘든 일이다. 이렇게 발달장애인에게, 특히 성장기 아동에게 평소에 입고 있을 수도 없고, 골격에 무리를 주는 조끼를 입혀 감정을 진정시키는 것을 보고 더 건강한 방법으로 치료에 도움을 줄 수 있는 방법을 떠올리게 된 것이다.

그렇게 '허기'의 개발이 시작되었다. 물리적 압박으로 인한 치료 효과가 같다고 하더라도 강압적인 치료를 받는 느낌과 따뜻한 포옹을 받는 느낌이 당사자 입장에서는 그야말로 천지 차이일 것은 자명하다. 사용자에게 거부감이 없고 지속적인 착용이 가능한 '허기'의 개발은 발달장애 치료의 골든타임을 지켜주었다.

김지훈 대표는 석사 졸업 직후 교내 창업 대회에서 우승하고 바로 스타트업을 시작한다. 여세를 몰아 창업 직후인 2020년 24세에 토스 10억 스타트업 경진대회 '파운드'에 진출했다. 경진대회에서 파이널에 진출하지는 못했지만, 그 경험을 통해 비즈니스 모델 자체의 가능성을 확인했다. 미디어 노출로 인해 생긴 인지도는 제품의 완성도를 높이는 과정에서 많은 도움이 되었다.

창업 후 현재까지 내부 구성원의 변화와 제품의 수없는 수정 과정 등이 있었지만 신념과 끈기로 제품의 완성도를 높여왔다. 과거 경진대회에서 우승은 놓쳤지만, 심사 위원들의 강의와 조언이 지금까지도 큰 도움이 되었다고 김 대표는 거듭 감사함을 표한다.

젊다는 건 신체적 나이가 아니라, 불안전함을 인정하고 크고 작은 시행착오 속에서 방법을 찾아나가는 유연함과 열린 마음을 의미한다. 타인의 아픔에 공감하고 그것을 사업으로 연결하는 능력 그리고 그 과정에서 도움을 준 이들에게 진심으로 감사하는 마음, 이것이 김 대표의 가장 큰 역량이다. 이 덕목들은 비즈니스의 성공뿐만 아니라 미래 김 대표 개인을 인간으로서 성숙시킬 자산이 될 것이다.

○
불안과 두려움을 녹여주는
IT 기술 '허기'

긴장, 초조, 불안 등의 감정을 해결하기 위해 개발된 제품, 허기는 내부에 탑재된 에어 튜브가 부풀어 올라 몸을 감싸주는 공기주입식 조끼이다. 공기 주입을 통해 안아주는 느낌을 구현하면서도 골격에 무리를 주지 않는 것이 제일 큰 장점이다. 또한 힘든 감정이 엄습하기 전에 늘 착용하고 있을 수 있어 신속히 조치할 수 있고, 발달장애인의 충격과 강제 착용 등으로 인한 부정적 경험을 없앨 수 있어 치료 효과에 시너지가 난다.

허기가 적용한 원리는 'DPT$^{\text{Deep Touch Pressure}}$' 방법이다. DPT는 신체에 적절한 압력을 가하면 부교감신경을 자극하여 안정감을 주는 호르몬이 나오게 되는 원리이다. 무거운 솜이불을 덮거나 다른 사람에게 안겼을 때의 안정감을 느끼듯, 바로 이 부교감신경이 자극되어 안정감과 편안함을 제공하는 것이다.

허기의 개발 초기에는 사용자를 위한 감정을 진정시키고 조절하는 기능만을 가지고 있었다. 개발 후 최대한 많은 발달장애인에게 착용하여 효과를 검증했다. 그 과정에서, 보호자 입장에서는 돌봄 대상의 상태를 지속적으로 모니터링하고 확인하고 싶다는 것이 치료효과 다음으로 중요한 요구 사항임을 알게 되었다. 이후 생체 정보를 수집해 착용자의 감정 상태와 스트레스, 위치 등을 모니터링하여 자동으로 작동하는 스마트 조끼로 발전되었다.

초기의 주요 타깃은 발달장애인과 그들을 관리하는 기관이었다. 발달장애인 용품은 사용자와 구매자가 다른 경우가 대부분이다. 성공을 위해서는 사용자를 위한 기능과 보호자를 위한 기능이 동시에 충족되어야 한다. 허기는 그 두 가지 요구를 모두 훌륭히 만족시켰다.

처음 제품을 개발한 이후 사용자의 피드백을 받아 수정 과정만 수십 번 걸쳐 최종 제품을 만들 수 있었다. 여러 과정에서 크고 작

은 시행착오들이 있었다. 제조 경험이 전혀 없었고, 특히 의류 제조는 생각조차 해보지 않았던 분야였기에 작업 지시서도 계속 바뀌었고, 금형도 여러 번 수정해야 했다. 그 과정 동안 스타트업으로서 감당하기 힘든 비용과 시간이 발생했다. 하지만 수정이 될 때마다 고객의 피드백을 반복해서 받고 하나하나 개선해갔다.

그 결과, 괄목할 만한 효과가 있었다. 치료사와 협력 연구기관 그리고 부모들의 피드백에 따르면 수업 참여도가 28% 증가했고

스트레스가 57% 감소했다. 수업 때 산만하여 한 줄 이상 글을 작성하지 못했던 아이들이 두 페이지 정도를 집중해서 글을 쓰고, 잠이 들기까지 걸리는 시간이 현저히 감소하는 등 실질적인 효과가 검증되었다.

허기는 첫 제품 출시 4개월 만에 매출 1억 원을 달성하는 성과를 보였다. 그만큼 확실한 시장이 존재하고 있었던 것이다. 소셜벤처 창업에 앞서 시장성을 확인하는 데 초점을 맞추었던 그의 사업 전략 덕분이었다. 냉철한 문제 인식과 따뜻한 문제해결력이 결합된 결과였다.

허기의 포옹은 점점 더 '빅허그'가 되어가고 있다. 처음 개발 단계에서는 발달장애인과 관련된 대상들만이 타깃이었으나 점차 공황장애, ADHD, 수면장애 극복 등 안정감이 필요한 일반인들까지 사용 대상이 확장되고 있다.

또한 기존의 불편했던 접촉식으로 생체정보를 수집하는 방식에서 비접촉식으로 변경하여 인지하지 못한 상태로 측정하는 기술을 개발 중이다. 이 기술은 노인, 유아 등 다수의 인원을 관리하는 시스템에 적용할 예정이다.

그 외에도 생체정보를 지속적으로 모니터링하고 관리하는 솔루션을 개발하여 치료뿐만 아니라, 관리와 예방까지 케어의 영역을 넓혀가고 있다. 발달장애인뿐만 아니라 모든 돌봄이 필요한 사람에게 가치 있는 서비스를 제공하겠다는 돌봄드림의 꿈은 더욱 커지고 있다.

○
나비 포옹 효과 원리로
세계 속으로 날갯짓하다

발달장애의 원인은 아직 명확히 한 가지로 규명되지는 않았지만, 급격한 감정조절의 어려움은 공통적이고 대표적 증세이다. 그러나 감정조절은 정도의 차이는 있지만 비장애인의 경우에도 어려움이 있는 문제다.

'허기'는 나비 포옹 효과를 기반으로 아이디어가 발전된 제품이다. 포옹이 감정을 진정시키고 행복감을 준다는 것은 보편적으로 알려진 사실이다. 이와 관련한 연구도 많이 있다. 누군가가 해주는 포옹뿐만 아니라 혼자 스스로 하는 포옹도 마찬가지로 효과가 있다.

나비 포옹법은 실제 트라우마 극복하는 데 효과적인 치료법이다. 양팔을 교차하여 스스로 껴안고 양어깨를 토닥토닥 두드리는 방법이다. 심호흡을 하면 스트레스 호르몬인 코르티솔 수치가 낮

허기를 입고 놀고 있는 아이들, ⓒ 돌봄드림

아지고, 좌뇌와 우뇌의 소통이 활발해지면서 뇌가 진정되는 효과가 있다.

누구나 알고 있는 포옹의 원리를 기반으로 사회에 큰 도움이 되는 기술을 만들어낸 성과는 문제에 대한 공감 능력과 그 문제를 해결해내고자 하는 의지와 진정성이 만난 결과였다.

김지훈 대표는 2년간 부모와 기관관계자 1천여 명을 만나며 모니터링하고 그 목소리를 제품개발에 적용했다. 그 결과 돌봄드림은 2022년 CES 혁신상을 받았다. 이어 2023년에는 삼성전자 스타트업 지원 프로그램 'C-Lab outside'와 구글 스타트업 지원 프로그램인 'Cloud Aceademy APAC'에 선정되었다. 2023년 포브스 아시아 30세 이하 가장 영향력 있는 리더 30인에 선정되기도 했다. 창업 3년 만에 싱가포르 법인 설립과 투자 유치를 진행했으며, 미국 샌프란시스코에서 세계 최대 임팩트 투자 컨퍼런스 'SOCAP 2023' 참여 등 글로벌 시장을 향해 커다란 날갯짓이 시작되었다.

또 다른 의미 있는 성과는 사람과 지역 사회, 환경적 책임을 다하는 기업에게 주어지는 세계 최고 권위의 '비콥B-Corp' 인증을 획득한 것이다. 비콥 인증을 받기 위해서는 지배구조, 지역사회, 기업 구성원, 환경, 고객 등 180여 가지 항목을 기준으로 하는 '비 임팩트 평가B Impact Assessment, BIA'에서 80점 이상의 점수를 획득해야 한다. 전 세계 7,000여 개의 기업만이 비콥 인증을 획득했는데, 2023년까지 비랩코리아 기준 국내 인증기업은 28개다. 비콥 인증 획득은 지속 가능한 책임을 보여줄 수 있는 기업임을 공식적으로 인정받게 됨을 의미한다.

돌봄드림의 다음 목표는 건강관리의 골든타임을 놓치는 사람이 없도록 시스템을 구축하는 것이다. 현재 허기를 활용해 관제 시스템을 개발하여 스마트 조끼로 시니어 시장에 진출 완료했으며,

보건복지부 스마트 사회서비스 시범사업에 선정되어 홍천군을 비롯해 전국 다수의 시니어를 대상으로 생체정보를 모니터링하고 응급 상황에 대처하고 있다.

실제로 쓰러진 어르신을 스마트 조끼를 통해 구출해낸 2건의 최근 사례가 있다. 이러한 관제 시스템으로 심박, 호흡, 걸음 수 등 생체정보를 모니터링하는 것뿐만 아니라 착용자의 기저 질환을 파악하고 실시간으로 낙상, 실종, 응급 상황에 대처할 수 있어 돌봄 생태계의 새로운 패러다임을 이끌 것으로 기대된다.

김 대표는 기술 기반의 비즈니스를 이끌어가면서 가장 많은 시간을 고객과의 소통을 위해 쓰고 있다. 철저히 '고객 중심'으로 제품을 개선하고 사업 영역을 확장하고 있다. 그는 시장에서의 성공이 단지 기술과 가격만이 아니라는 부분을 잘 이해하고 있다. 손쉬운 사용과 심미적 만족 등도 중요함을 잘 이해한다. 그래서 패션디자이너가 '옷'이라는 관점에서 허기를 디자인하여 일상생활에서의 착용과 심미적인 만족도를 높였다.

데이터를 기반으로 한 돌봄 생태계 구축으로, 적시 치료의 기회에서 소외되는 발달장애인들이 점점 더 적어진다고 생각하니 달려가서 김 대표를 허그해주고 싶은 마음이다. 블라인드 사이로 들어오는 4월 햇살이 더 따사롭게 느껴진다.

'나비 포옹효과. 우리 모두에게 날마다 필요한 토닥토닥.'
돌봄드림의 김지훈 대표가 메시지를 전한다.

좋은 에너지와 함께하는 시너지로 더 나은 사회를 만들어가야 할 이 땅의 모든 출발선에 있는 사람들에게, 건강하자고. 스스로 돌보고 그 힘으로 함께 주위도 돌봐주자고.

119REO

© 광주광역시 소방안전본부

○
용감한 사람들이 만드는 가치,
119REO

'Only brave people can be, Rescue Each Other.'
용감한 사람만이 서로가 서로를 구하는 가치를 만들 수 있다는 119REO의 비전이다.

거듭 말하지만, 이 책은 기업 사례분석을 중심으로 구성되었다. 그랬기에 비교적 개인적인 감정을 안 드러내고 드라이하게 써나갈 수 있으리라 생각했다. 그런데 리서치와 자료정리 그리고 사례를 선정하고 다시 깊이 스터디하는 과정을 반복할 때마다, 결정적으로 브랜드의 대표들을 직접 만나서 인터뷰하고 나면 감기 비슷한 증상이 시작되었다. 머리는 이제 자료준비가 되었으니 바로 써 내려가자고 재촉했다. 하지만 가슴이 뛰고, 약간 열도 나는 거 같고, 생각이 많아졌다.

브랜드가 걸어온 길을 훑으며, 반추하고, 소화하는 데 꾸역꾸역 시간이 필요했다. 글로, 목소리로, 눈동자에서 읽은 그들만의 서사를 무채색의 텍스트로 옮기기 위해서는 발효의 시간과 차가운 공기 그리고 대감님 같은 헛기침이 필요했다. 마음 식힐 시간을 벌기 위해 상상 속 긴 수염을 쓰다듬었다.

글을 쓰기 전 이런 마음의 파동은 브랜드 119REO 사례 때가 제일 심했던 것 같다. 몸에서 나는 열이 펜을 쥔 손끝으로 흘러내려 마치 뜨거운 쇠젓가락을 손에 쥔 것처럼 오른손에서 왼손으로 번갈아 펜을 떠넘기며 아무것도 못 한 채 사나흘이 흘렀다. 브랜드와의 공명이 마음에 화기로 전달되었다.

공무상 재해임을 인정받지 못하고 사회로부터 내던져져 희귀암을 앓고 있는 소방관들, 미용 피부 진료로 분류되어 있는 잔혹한 화상 흉터 치료, 전신 화상으로 인한 입원 그리고 터무니없이 낮은 간병인 비용 지원에 힘들어하는 가족들, 질병과 부상으로 인해 원치 않은 퇴직을 해야만 하는 사람들, 불길 진압 후 온몸에 화상을 입은 채 붕대를 동여맨 채 사이렌 소음 주민민원에 고개를 숙여 사과하는 소방대원들.

이승우 대표는 이런 상황들을 아주 가까이에서 함께하며 세상에서 가장 뜨거운 패션 브랜드를 일구고 있었다. 아주 용감하고 진득하게 가치를 키워내고 있었다.

119REO는 내용 연수가 경과되어 폐기된 방화복과 소방호스, 방열복 등을 업사이클링하여 가방, 신발 등을 제작 판매하고 있는 패션 브랜드다. 제품을 만드는 과정에서 사회취약계층의 일자리도 만들어내며, 수익금의 50%를 암 투병 소방관들과 외상 후 스트레스 장애[PTSD] 지원, 은퇴 구조견 등을 지원하고 있다.

'REO'는 'Rescue Each Other'의 약자로, '서로가 서로를 구해가는 가치'라는 의미를 품고 있다. '소방대원들이 우리의 생명을 구하듯이 우리도 함께 소방관을 구하는 세상을 만들자'라는 취지로 만들어진 이름이다.

우리가 함께 살고 있는 동일한 시공간엔 여러 형태의 아픔과 삶의 고달픔이 존재하고 있다. 그 모든 것들을 단시간에, 몇몇 사람이 해결할 수는 없지만, 그것을 직시하며 왜 그래야만 하는지 질문하고 저마다의 방법으로 위로와 근본적 개선의 방법을 하나씩 찾아가는 사람들. 1등만을 강요받았던 시대에 무엇이 진정한 가치인지를 스스로 깨달으며 잘 커준 슬기롭고 당찬 리더들.

그들의 용감한 창업과 아름다운 인내에 존경의 박수를 보낸다. 창업자에게 용감함과 아름다움은 동의어다.

○
명예로운 아버지의 검은 눈물,
끝이 시작이 되다

 인터뷰를 위해 전시장에서 처음 이승우 대표를 만났을 때, 강인하면서도 부드러운 그의 인상은 '큰바위얼굴'을 떠올리게 했다. 분명 나보다 훨씬 젊은 나이일 텐데, 그에겐 강인함과 더불어 산전수전을 다 겪은 듯한 연륜이 배어 있었다. 나도 모르게 숙연해져 '역경의 삶'이라는 기업에 처음 입사한 인턴 사원처럼 예의가 바르게 첫인사를 건넸다.

 119REO의 시작은 2014년 고 김범석 소방관의 순직이 계기가 되었다. 그는 군 복무 직후 23세 때부터 8년간 소방관으로서 직무를 수행했다. 2013년, 갑자기 숨이 가빠져 병원을 찾은 그는 혈관육종암 진단을 받고 투병해야 했다. 하지만 결국 당시 두 살배기 아들과 아내를 남겨두고 7개월 만에 세상을 떠났다.

 소방관들은 모두 매우 건강한 정신과 신체임을 검증받은 후 소방관으로 복무를 시작한다. 김 소방관도 마찬가지였다. 8년간 화재와 재난 현장에 모두 1,021회 투입돼 350여 명의 생명을 구하고 그는 31세 나이에 요절했다.

 김 소방관 사망 후 공무원연금공단은 소방관 업무로 인한 질병이라고 볼 수 없다며 유족 보상금 부지급 처분을 내렸고, 이에 유족들은 행정소송을 냈다. 이 대표의 조사에 따르면, 2016년 당시 소송을 낸 국내 암 투병 환자는 121명이며, 그중 2명만이 공무상 질병을 인정받았다고 한다.

이 대표는 방화복을 소재로 가방을 만들어 펀딩 프로젝트를 진행했다. 그 프로젝트가 성공적으로 끝나 수익금을 김 소방관의 유가족에게 전달했지만, 유가족은 '소송조차 할 수 없는 소방관들을 위해 세상에 우리를 알리고 그들을 도와달라'는 뜻과 함께 위로금을 고사했다.

2018년 3월에 열린 1심 판결에서 법원은 김 소방관의 질병이 공무와 연관성이 없다고 판단해 유족의 청구를 기각했다. 이에 언론 그리고 많은 시민의 청원이 이어졌다. 김 소방관 유족은 같은 해 10월 2차 항소에서 승소했다. 비로소 두 살짜리 자신의 아들에게 환자가 아닌 용감한 소방관 아버지로 기억되고 싶다는 그의 유언은 실현되었다. 이 대표는 고 김범석 소방관의 재판 현장에도 함께했고 할 수 있는 모든 노력을 다했다.

1년을 목표로 했던 방화복 업사이클링 프로젝트를 마쳤다. 수익금 전달 시점에서 이 대표는 비로소 깨달았다. 암 투병 소방관의 권리보장과 서로가 서로를 구하는 사회를 만들고 싶다는 자신의 목표를 향하는 여정이 이제 시작되었음을 말이다. 그렇게 119REO는

2018년 10월 정식으로 창업하여 현재까지 이어지고 있다.

 소방관 처우에 대한 부조리함은 고 김범석 소방관의 죽음을 계기로 사회적 이슈가 된 뒤, 지속적으로 개선되고는 있으나 여전히 갈 길이 멀다. 공무상 재해로 인정받는 질병, 특히 암의 범위가 너무 좁다. 미국의 경우는 희귀암 등 질병의 인과관계를 국가가 밝혀내야 하는데, 우리나라는 당사자 또는 유족이 그 인과관계를 밝혀내야 보상받을 수 있는 시스템이다.

 소방관들은 직접적 화상의 위험뿐만 아니라 유독성 물질의 노출과 스트레스, 오염된 수질, 트라우마, 외상 등을 피할 수 없는 환경에서 근무한다. 이러한 질병들은 수년 또는 수십 년 후에 발병하기도 한다. 현직 소방관들도 크고 작은 상해를 입은 채 힘겹게 복무하는 경우도 많으며 50% 가까운 소방관이 직업병으로 난청을 앓고 있다는 자료도 있다.

 대학 때 동아리에서 프로젝트로 시작한 비즈니스를 지금까지 이어올 수 있었던 것은 어려운 현실을 맞닥뜨릴 때마다 더 강해지는 신념과 조금씩 더 커지는 보람 때문이었다. 화재 현장에서 유해물질로 유발된 질병에 대해 인과관계 입증이 어렵다는 이유로 보상받지 못하는 소방관들의 권리를 지켜주기 위해 애쓰는 그 과정에서 119REO 브랜드도 이 대표의 눈빛도 더 깊어지고 진지해졌다.

© 119REO

　초기에 혼자서 브랜드를 키우던 어려움과 도전의 과정이 고스란히 그의 첫인상 속에 녹아 있었고 그 퇴적된 노고와 성숙함은 한눈에 알아채기에 충분했다. 어릴 적에 본 홍콩영화의 한 장면, 아직 맞붙지도 않았는데 진정한 고수임을 알아채고 예를 갖추어 고개 숙이는 그 장면이 이 대표에게 첫인사를 하는 내 모습에 오버랩되었다. 이 국적 불명 영화의 엔딩 크레딧은 공상公傷 불인정으로 힘겹게 투병 중인 소방관들, 그 이름이 검은 눈물로 얼룩져 있었다.

© 119REO

○
가장 가까이에서
삶을 지켜주는 친구, 아라미드

아라미드를 아는가? 헤드라인만 보고 BTS의 아미를 연상하진 않았는지. 아라미드! 친구 맞다. 눈물겨운 '베프'다.

뜨거운 화염 속에서 온몸으로 소방관의 생명을 가장 가까이에서 지켜주는 방화복 소재가 바로 아라미드다. 아라미드는 극한 조건과 환경에서 견딜 수 있도록 개발되었다. 강도, 충격 안정성, 내열성, 경량성, 고탄성 등의 많은 장점이 있어 방탄복, 방화복, 광케이블, 우주항공 소재 등 다양한 분야에서 필수적 소재로 쓰인다.

처음 듀폰Dupont사에서 개발할 당시 원료 물질을 녹일 용매를 찾는 데만 10년의 세월이 투자되었다. 한국에서도 KIST한국과학기술연구원의 고 윤한식 박사가 아라미드 섬유의 1984년 독자적 기술을 개발했지만, 후발주자여서 특허분쟁을 오랜 시간 겪어야 했다. 불 속에서 쇠가 담금질되듯 우리가 생활 속 다양한 곳에서 아라미드를 접할 수 있기까지 개발 과정의 시행착오와 우여곡절이 많았던 소재다. 그런 만큼 훌륭한 성능을 가지고 태어나 '미래섬유' 혹은 '슈퍼섬유'라 불리기도 한다.

아라미드는 강력한 방염·발수·방검의 성능에 비해 매우 가벼워 소방관들의 방화복으로 사용 가능한 기특하고 고마운 소재다. 아라미드는 불 속에서 최대 600도까지 버텨준다. 그런 장점 때문에 사용되고 난 방화복을 폐기해야 할 때는 더 많은 에너지와 환경오염이 동반되기도 한다.

119REO는 이러한 아리미드 소재의 방화복을 활용하여 업사이클링 제품을 만든다. 사람에 대한 존중과 환경에 대한 존중 그 두 가지의 큰 가치를 다 담고 있는 작지만 큰 브랜드다.

119REO 제품이 재탄생하는 과정을 살펴보면, 우선 소방서로부터 내구연한이 지난 방화복과 소방호스 등 소방 안전 장비를 무상으로 수거한다. 그 후 지역 자활센터 내 세탁 작업장으로 전달해 이중 세탁을 진행하고, 임가공 작업장으로 보내 분해 과정을 거쳐 원단으로 만든다.

무상으로 폐방화복 등을 공급받으니, 제작 원가가 낮을 것이라고 생각하지만 새 원단을 사는 비용보다 폐방화복을 재가공하는 비용이 훨씬 비싸다(10배 정도 비싸다고 한다). 높은 제작비는 세척 및 가공 공정이 까다로울 수밖에 없는 모든 업사이클링 제품의 소재가 갖는 특성이자 한계이다. 그럼에도 고단한 길을 자초하고 있는 까닭은 소방관의 노고에 대한 의미 전달과 사회적 확산이 119REO의 존재 이유이기 때문이다.

119REO의 경제적 지속가능성은 브랜드와 소비자 간의 진정성 있는 소통에서 비롯된다. 제품의 모든 패키지에는 '후원자님'으로 시작되는 메시지 카드가 있다. 그 순간부터 소비자는 제품을 구매한 구매자가 아니고 후원자이자 치어리더가 된다.

까다로운 공정 때문에 제품 가격이 낮지 않지만, 스토리와 가치를 이해한 소비자들의 만족도는 매우 높다. 그들은 자발적으로 119REO의 가치를 널리 알린다. 소셜미디어에서 자신의 구매 경험을 공유하고, 소방관의 처우 개선이라는 사회적 메시지를 함께

전파한다.

　이러한 충성 고객들의 지지는 일반적인 마케팅보다 더 강력한 브랜드 자산이 되어 경제적 지속가능성을 뒷받침한다. 소비자들은 단순히 제품을 구매하는 것이 아니라, 자긍심과 브랜드에 대한 애착을 바탕으로 119REO의 여정에 함께 참여한다. 이것이 바로 높은 제작 비용에도 불구하고 119REO가 계속 성장할 수 있는 원동력이다.

○
잿빛, 전 세계 모두 똑같은
아픔의 색

　우리가 머릿속에 그리는 소방관의 모습은 건장한 체구로 세상을 구해내는 히어로다. 그러나 그들은 고열을 버텨주는 방화복과 30분 정도 호흡할 수 있는 공기통에 생명을 의존한 누군가의 아버지이거나 아들일 뿐이기도 하다. 그들을 진정으로 지켜주고 지탱해주는 것은 생명에 대한 경외심과 동료애 그리고 스스로 '소방관'이라는 자긍심이다. 그 용기와 자긍심이 지옥 같은 화염 속에서 겨우 탈출하여 잿더미 속으로 또다시 한 줄기 생명과 동료를 찾아 나서게 한다.

대도시의 초호화 호텔도, 시골의 작은 초가집도 불타고 나면 모두가 같은 색이 된다. 치솟는 불길 속에서 구해야 하는 모두가 똑같이 소중한 생명이다. 피부색과 체형은 조금씩 달라도 전 세계 소방관들의 마음 온도는 모두가 뜨겁다. 그들 모두에게 가장 두려운 건 사람의 목숨을 구하지 못하는 그 순간이다.

소방관이 아라미드 소재의 새 방화복을 입을 수 있는 나라는 세계적으로 20개 정도밖에 되지 않는다. 개발도상국 일부에서는 안전이 보장되지 않은 폐방화복을 입기도 하고, 그조차 여의찮은 나라에서는 우비를 입고 인명을 구한다. 한국은 2003년부터 지금의 방화복을 입기 시작했는데, 그전에는 우리의 소방관들도 우비를 입고 불구덩이로 뛰어 들어갔었다.

119REO의 포부는 소방관이 방화복을 입지 못하는 나라에 이를 공급해주는 것이다. 그렇게 되려면 해야 할 일이 많다. 다른 나라의 폐방화복까지 모두 업사이클링할 수 있는 시스템 구축과 동시에 글로벌 시장을 관통하는 제품력을 갖추어야 한다. 글로벌 소비자의 공통적인 인사이트를 찾아가고, 때로는 문화권마다의 특징을 담는 새로운 제품개발도 필요할 것이다.

119REO의 훌륭한 디자인과 제품 품질로 탄탄하게 브랜드를 키워가고 있다. 지속가능성을 위한 비즈니스 모델이 성공하여 사회로 그 효익이 돌아가는 선순환 구조로 자리 잡기 위해서는 제품

© 119REO

의 디자인과 퀄리티를 반드시 지켜내야 한다. 이 두 가지는 소방관의 방화복과 소방호스처럼 브랜드의 생존에 직결된 요소다.

　소방관이 자신의 안전을 지켜야 화마로부터 생명을 구해낼 수 있듯이, 기업도 스스로 건강히 생존해줘야 사회에 영향을 미칠 수 있다.

영웅의 집 키링, © 119REO

아름다운 의미가 아름답게 확산되기 위해서는 뜨겁고 지속적인 노력이 필요하다. 소방관들은 우리의 안전을 지켜주고 119REO는 소방관들의 권리와 존엄을 지킨다. 이것이 바로 진정한 의미의 '서로가 서로를 구하는' 선순환의 가치다.

'Only brave people can be, Rescue Each Other.'

PART 2

건강한 내일을 위한 디자인
—

대지를 위한 바느질 / 보후밀
솔트레인 / 죽음의 바느질 클럽

04
대지를 위한 바느질

ⓒ 대지를 위한 바느질

○
"대표님, 당근하셨어요?"

'오늘이 바로 기다리시던 그날입니다. 오늘 배송 예정입니다.'
아침부터 호들갑스러운 문자가 왔다.

"회사 동료가 제품을 수령했는데요, 분실 우려도 있으니……."

외근 중 신속히 들어가서 확인하라는 조금 오버스러운 패댁스 배송 기사님의 전화도 받았다. 마케팅의 일환이었겠지만 문자와 배송 기사님의 전화에 살짝 설레는 마음으로 복귀했다.

뭘 샀길래 그러냐고? 핸드폰을 업그레이드했다, 아이폰 16으로. 몇 달 후면 철 지난 얘기일 수 있으나 암튼 오늘 시점으로는 신제품 영접이다. 예약 판매 첫날 얼리어답터인 양 예약하고 한동안 잊고 있었는데 오늘 배송된 거다. 내 방으로 들어가는데, 기획팀 김 팀장이 물었다.

"대표님, 당근하셨어요? 책상에 두었어요."

"응? 뭔 당근?"

"뭔가 박스에 주소 스티커가 커다랗게 두 개나 붙어 있는 것 같아서요. 당근하면 그렇거든요."

방으로 들어와 책상을 보니 기대했던 볼륨감 있고 엣지 있는 박스는 어디에도 없었다. 책상 위에 책들이 널브러져 있어서 박스가 한눈에 보이지도 않았다.

찾았다! 작은 다이어리만 한 크기의 납작한 택배 박스가 하나 있었다. 김 팀장 말대로 택배 스티커가 박스 크기와 비슷해 양쪽 면을 도배하고 있었다.

핸드폰을 바꾼 지 4년이 되었으니, 언제부터 이렇게 바뀌었는지는 알 수 없으나 내가 기억했던 아이폰 박스의 3분이 1도 안 되는 부피인 것 같다.

'이거 맞아? 눈썰미 있는 김 팀장이 아이폰 배송 박스를 몰라봤단 말이야? 당근이라니, 농담한 거겠지.'

실제로 보니 '모를 수 있었겠네' 하는 생각이 들었다.

매고 있던 백팩을 던져놓고 선 채로 즉시 언박싱을 했다.

'음…… 아!'

바로 좀 전에 택배 박스를 보고 느꼈던 살짝 김빠진 느낌은 연기처럼 사라지고 압도하며 드는 생각 하나.

'역시 애플!'

누런색 박스 안에 핸드폰이 담긴 제품 박스는 정갈하고 존재감이 있었다. 내가 감탄한 포인트는 작은 부피로 핸드폰을 견고히 보호하는 제품 패키지와 더불어 택배 박스의 내부구조였다. 테이프 없는 외부 박스를 열어보니 택배 박스 안쪽 면에 그대로 제품 박스가 고정되어 있었다. 접착이나 다른 재질의 보조재 없이 제품을 완벽히 지지했고, 심플했지만 동시에 정교했다.

'그래, 이게 디자인이지!'

애플만의 변화는 아닐 것이다. 삼성도, LG도 마찬가지일 것이다. 생각해보니, 얼마 전 친구들에게 생일 선물로 받은 다이슨 매직기도 그랬다. 외부 패키지의 사이즈가 엄청나게 작아지고 소박해져 다른 택배들과 섞여 알아보지 못하고 배송이 늦다고 투덜거렸다. 다이슨 제품의 경우도 내가 기억하던 박스 사이즈와 확 달라져서 바로 찾지를 못했다. 그때도 같은 기분이었다. 작아진 박스를 보고 첫 느낌은 '뭐지?' 했고, 곧이어 재활용 소재만을 사용한 내부의 탄탄하고 정교한 디자인에, 브랜드에 대한 내 마음은 작아진 부피의 두 배만큼 더 커졌다. 박스의 짜임새 있는 디자인 기획에 대한 감탄은 브랜드의 진정성으로 치환되어 오랫동안 마음에 머물렀다.

변화하고 있었다. 사랑받는 브랜드들이, 업계 형님들이 모범을 보이고 있다. 리사이클이 되는 소재를 사용하는 것은 물론이고 운송과정에서의 탄소 절감을 위해 최소한의 패키지 사이즈를 고수하려 노력한다. 환경을 위해 여백 공간을 최소화하고 인쇄가공 방법도 신경을 쓴다. 물론 이러한 조건을 준수하기 위해 외형적으로 포기해야 하는 부분도 생긴다.

디자이너에겐 최소한의 공간과 소재를 사용하면서 완벽한 제품 보호와 편의성 그리고 브랜드 이미지를 동시에 지켜내야 하는 어려운 숙제가 주어진다. 늦었지만 정말 다행스러운 일이다. 수고롭지만 꼭 필요한 일이다.

현업에서, 기업들의 환경에 대한 노력을 느끼고는 있었지만 그 노력을 '알리기 위한 노력', 즉 '홍보' 측면에 초점이 맞춰져 있는 경우들도 많아 여러 생각이 드는 요즘이었다.

오늘날의 디자이너들은 모두 각자의 자리에서 환경에 대한 부채 의식을 가지고 있다. 귀를 막아도 사회와 자연의 신음이 들려온다. 디자이너들은 아름다움의 추구와 동시에 책임감과 공감의 교차점에 서 있다. 디자이너는 재료부터 공정 등의 모든 선택을 통해 지구를 치유할 수도 있고 더 해를 끼칠 수도 있다. 자신이 하고 있는 디자인이 변화의 촉매제가 될 수 있다는 사실을 이해하고 조용하지만 강한 힘을 발휘해야 한다.

지금 나는 무엇을 할 수 있을까. 일단 부지런히 이 글을 써 내려가자.

그린디자인의
소명을 찾기까지

'나는 어떤 디자이너인가?'

디자이너들에게 이 질문은 매우 단순한 것 같지만 쉽게 답변을 못 하는 경우가 많다. 평생을 디자이너로 살아온 '무인양품'의 아트디렉터 하라 켄야도 자신의 저서 《디자인의 디자인》의 첫 문장에서 본인의 직업에 대한 의문을 던진다.

'대지를 위한 바느질'의 이경재 대표 역시 그 질문에 명확한 답변을 할 수 없어 답답했다. 대학교에서 패션디자인 전공한 후 방송국 의상팀에서 첫 사회생활은 디자이너로서 정체성에 대한 고민을 하게 된 계기가 되었다. 그 답은 하루아침에 찾아지지는 않았다.

퇴사 후, 건강이 좋지 않은 아버지와 가족 모두를 위한 선택으로 강원도 횡성군에서 귀농생활을 했다. 그 기간 중 서울과 강원도를 오가며 그린디자인 대학원에서 공부했다. 대학원 재학 중 수강했던 과목들을 통해 마음속의 희미했던 그린디자인 방향성을 자신의 디자인 철학으로 완성할 수 있었다. 수업에서 다루었던 디자이너의 역할, 환경 이슈, 새로 나온 친환경 소재 등이 자연스럽게 정체성 고민에 대한 해답을 들려주었다.

결혼식 후 다시 심는 다육이 부케, ⓒ 대지를 위한 바느질

이 대표의 평화로운 귀농생활 중 맞이한 지역축제 날 비가 내렸다. 이 대표는 축제가 끝나고 버려진 우비 더미를 보고 충격을 받았다. 고민하던 중 몇 년 전 관람했던 친환경 전시회에서 보았던 소재가 생각났다. 이때 옥수수전분으로 만든 우비가 이 대표의 친환경 소재 의류 첫 번째 작품이었다.

가족 그리고 자연과 함께 느끼고 경험했던 시간이 이 대표에게 선명한 신념을 선물해주었다. 패션디자인을 전공하던 대학 시절이나 패션을 현업으로 하던 사회생활 속에서도 정립되지 않았던 디자이너로서의 정체성을 자연스럽게 찾게 되었다.

이제는 깨끗한 자연을 후손들에게 물려주고 싶다고 잠시도 머뭇거리지 않고 그린디자인에 대한 자신의 포부를 말한다.

하던 일을 내려놓고 잠시 머문 새로운 곳에서 자신이 가고자 하는 방향을 찾는 경우는 그렇게 드문 일은 아니다. 자기 정체성에 대해 고민될 때는 여행을 떠나보자. 외국이든, 전원이든, 옆 동네이든, 익숙한 환경에서 벗어나 새로운 시각으로 주위를 둘러보면 영화 속 주인공이 된 나 자신을 만날 수 있다. 관객의 눈으로 바라보고 다가가 나직이 말도 걸어보자.

낯선 그곳에서 심장에 손을 대보자, 어느 지점에서 떨려오는지. 단, 준비물이 필요하다. 자연과 사람을 이해하고자 하는 마음. 공감할 수 있는 36.5℃ 마음 말이다.

○
취향과 가치관을 반영하는
아름다운 약속, 웨딩드레스

웨딩드레스는 결혼식의 주인공인 신부의 아름다움을 한껏 돋보이게 하는 특별한 의상이다. 그 아름다움은 단순히 외모뿐만 아니라, 신부의 내면의 아름다움과 순수한 마음을 함께 담아내어야 한다. 하얗다는 색상의 공통점은 있지만 다양한 디자인의 웨딩드레스들은 신부의 취향과 가치관까지도 반영한다. 웨딩드레스를 통해 각자가 추구하는 아름다움을 자신만의 스타일로 표현한다.

'대지를 위한 바느질'의 웨딩드레스에는 이경재 대표의 아름다움에 대한 철학이 담겨 있다. '대지를 위한 바느질'은 이 대표 대학원 졸업 후의 개인전 타이틀이다. 옥수수전분과 한지로 웨딩드레스 16벌을 제작하여 전시했는데 이때 드레스를 본 관람객들의 웨딩드레스 주문이 쇄도하여 본격적으로 사업으로 이어졌다.

이 대표는 자연으로 돌아갈 때도 해가 되지 않는 천연 웨딩 드레스 제작을 통한 롱라이프 디자인을 추구한다. 드레스 소재를 옥수수전분을 사용하여 환경친화적으로 제작하고 있으며, 디자인 측면에서도 결혼식 후 일상복으로 활용할 수 있도록 구상하고 아름다우면서, 지나치게 과하지 않은 디자인이 기본 방향성이다.

디자인의 본질은 겉으로 보이는 심미성에 국한되는 것이 아니라 스토리텔링에 관한 것이기도 하다. 아름다운 웨딩드레스는 그것을 입는 사람에 대한 이야기가 담겨 있다. 이는 개성과 아름다움 그리고 깊은 개인의 인생을 존중하고 축복하는 의미를 가진다.

사회적 기업이나 사회적인 부분에 가치를 두고 있는 기업의 디자인은 매력이 없거나 완성도가 높지 않다는 편견을 이 대표가 아름답게 깨주고 있다.

옥수수전분으로 만들어진 웨딩드레스, ⓒ 대지를 위한 바느질

디자인은 흔쾌히 선택되고 애착되어야 한다. 누군가의 의무감으로 만들어지고 누군가에게 명분만으로 사용되어야 한다면 디자인의 역할은 사망한 것이다. 이 세상을 논리만 가지고 살아갈 수 없듯이 제품과 서비스도 '날것의 기능'만으로는 마음을 채워주는 디자인의 '진정한 기능'을 발휘할 수 없기 때문이다.

'대지를 위한 바느질'의 웨딩드레스는 사회적 기업의 소명인 지속가능성의 가치뿐만 아니라 사랑과 헌신에 대한 개인적인 가치관도 반영하고 있다. 웨딩드레스는 어린 시절부터 간직해온 꿈을 존중하고 특별한 날을 기념해야 한다. 이 대표의 퀄리티에 대한 고집은 소중한 순간을 '대지를 위한 바느질'과 함께하는 신부의 가치 있는 선택에 대한 최고의 보답이다.

ⓒ 대지를 위한 바느질

소중한 날, 함께하는
모든 이가 가치로운 에코 웨딩 시스템

'대지를 위한 바느질'의 서비스는 처음에는 웨딩드레스 제작으로 시작되었다. 그러나 주인공의 마음을 헤아려보니 '웨딩'은 순간의 이벤트가 아니라 준비하는 그 모든 과정 전체이며, 참여하는 모든 이들의 함께하는 의식이자 약속이었다.

이경재 대표는 8년에 걸쳐 에코 웨딩 시스템 전체를 완성했다. 결혼식 전반에 걸친 환경친화적인 접근으로 청첩장과 부케, 꽃장식에서부터 답례품까지 모든 과정에서 자신의 철학을 실천했다. 기본적으로 모바일 청첩장을 권유한다.

하지만 부득이하게 종이 청첩장이 필요한 경우, 친환경 지류를 사용하고 이후 사진액자로 사용할 수 있도록 했다. 부케도 식물의 뿌리를 살려 다시 화분에 심을 수 있도록 기획했다. 음식과 신혼여행에 이르기까지 모든 면에서 친환경적인 방법으로 진행했다.

대부분 소규모 웨딩이기에 음식 준비도 지역주민들이 함께 준비하여 결혼식에서 발생한 매출의 60% 이상을 지역으로 환원시키고자 노력했다. 이러한 과정은 결혼식을 진행한 신랑·신부와 하객, 지역주민 모두에게 좋은 호응과 마음속에서 우러나오는 진정한 축하와 존중으로 이어졌다.

당사자인 신랑, 신부에게는 더 큰 의미로 기억되었음은 물론이다. '대지를 위한 바느질'의 에코 웨딩 시스템을 경험했던 사람들은 전국으로 그 활동이 확산되길 바라고 있다. 그를 위해 '대지를 위한 바느질'은 친환경 웨딩 전문가를 양성하는 등 지속적인 노력을 하고 있다.

'대지를 위한 바느질'의 에코 웨딩 시스템은 우리에게 하나의 의미 있는 메시지를 남긴다. 함께 음식을 만들고, 나누어 먹고, 결혼식에 사용된 화분을 집으로 가지고 가서 잘 키우고, 수익을 지역사회에 환원한다. 모두 함께 참여하는 결혼식 과정은 사랑도 지구처럼 지속되어야 한다는 약속의 의미이다.

정성 어린 바느질 한 땀 한 땀이 아름다운 웨딩드레스를 만들어내는 것처럼 '에코 웨딩 시스템'은 사람, 지역사회, 환경을 모두 연결한다. 에코 웨딩 시스템은 내일의 풍요로운 대지를 소망하며 함께 만들어가는 '동네 잔치'이자 더 나이가 '지구 잔치'이다.

○
더 건강한 세상을 위한
또 하나의 출발

HED+ 의료복, ⓒ 대지를 위한 바느질 홈페이지

크고 작은 비즈니스들이 코로나 시국으로 스러져갔다. 그중 이벤트와 공연, 특히 웨딩비지니스는 그 타격이 막대했다. 그러나 이 대표에게는 웨딩 비즈니스 소멸의 실망감보다 코로나 시국의 의료환경 개선에 대한 필요가 더 강하게 다가왔다.

관심을 가지고 국내 환자복 디자인을 살펴보니 환자복을 입은 환자들은 마치 더 아파 보였고, 건강한 사람조차 환자처럼 보이게 했다. 그리고 그 옷의 원단과 염색, 가공 방법이 건강에 해로울 수 있다는 사실도 놀라웠다.

이 대표는 코로나 발생 훨씬 전에 쐐기풀로 만들어진 친환경 병원복을 제작하여 납품한 적이 있었다. 이 경험을 발판으로 다시 의료복 비즈니스를 확장하기로 결심한다.

쐐기풀은 인류가 최초로 옷을 만들어 입을 때부터 의복의 소재로 쓰여왔지만, 제2차 세계대전 이후 각종 화학섬유 개발로 잊혀왔다. 면에 비해 환경오염이 적어 최근 다시 '대안 섬유'로 '네틀'이라는 이름으로 유럽에서 관심을 받고 있다. 쐐기풀 원단은 내구성과 탈취성 그리고 항균성도 뛰어나 환자복으로 최적의 소재다.

친환경과 의료서비스, 언뜻 보면 어울리지 않는 조합처럼 보이지만 조금만 생각해보면 환자도, 의료진도 가장 환경적으로 안전해야 하고 보호받아야 하는 대상임은 너무도 당연하다.

'대지를 위한 바느질'은 병원복 등 친환경 의류의 온라인 유통을 가속화했다. 2021년 3월에는 친환경 메디컬 브랜드 'HED+(헤드플러스, Happy Earthday plus)'를 미국 아마존에 론칭했고 그해 12월에는 국내 출시를 했다. 미국 시장에서 친환경 소재에 항균 기능을 더한 제품들은 출시 6개월 만에 완판 기록을 세우기도 했다.

기능적인 편리함은 물론이고 스타일리쉬한 디자인으로 환자와 의료진에게 일상의 만족감을 선사하는 진정한 의미의 의료복 디자인솔루션이다.

또한 HED+는 지속 가능한 의류 디자인 프로세스를 고수하고 있다. 모든 제품은 소재의 선택, 윤리적 생산공정, 제품의 수명, 제품의 폐기 단계까지 디자인 전 과정이 세세히 평가되고 기획된다. 병원 스크럽, 의사 가운, 환자용 가운, 친환경 침구류, 기능성 유니폼, 마스크 등 다양한 등 다양한 제품을 선보였고, 국내에서도 안정적인 성장을 이루었다.

'대지를 위한 바느질'의 HED+ 브랜드 확장은 단순히 신제품 개발이 아니라 외부 환경이 바뀌어도 신념을 지키고자 하는 굳은 약속의 결과물이다. HED+는 또 하나의 출발일 뿐 더 건강한 세상을 위한 그들의 혁신은 계속되고 있다.

'사회의 많은 사람들과 공유할 수 있는 문제를 발견하고 그것을 해석해가는 과정에 디자인의 본질이 있다.'
_하라 켄야

05

보후밀

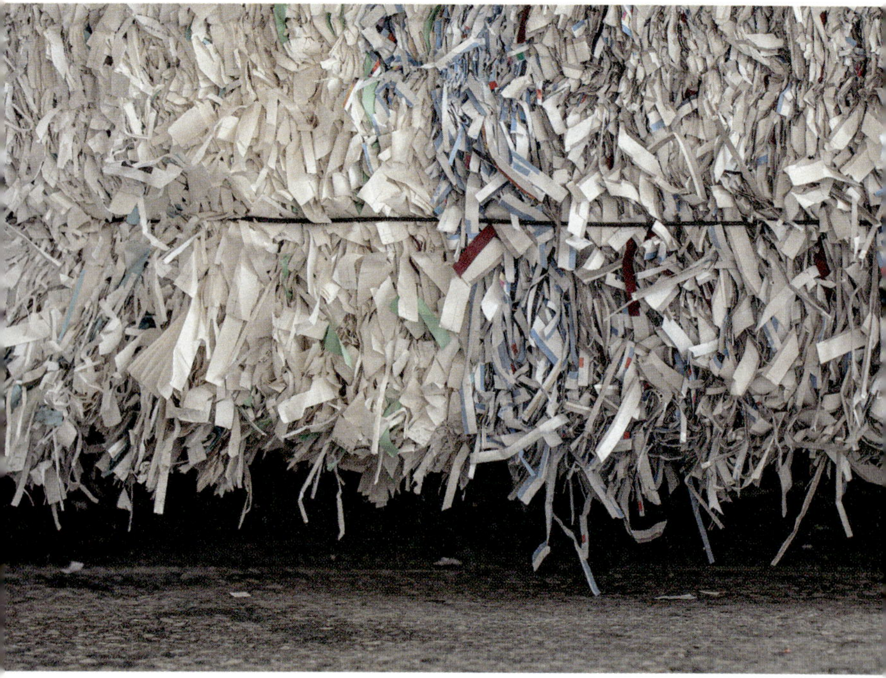

보후밀의 파지압축 테이블 일부, © 보후밀

○
그대로의
바람 소리를 마시는 결핍 그대로의 공간 '보후밀-커피-공간'

'그대로'란 '변함없이 그 모습으로'라는 뜻이다. 아무 움직임이 없고 수동적인 느낌을 주는 단어이지만 우리가 '그대로' 무엇인가를 보존하기 위해서는 생각보다 강한 결단과 노력이 필요하다. 보후밀도 그런 공간이다. 철거 후 공간을 그대로 사용하고 있다. 세밀하고 정교한 계획과 노력이, 버려진 듯한 결핍의 공간을 투명하게 쌓아 안은, 아무것도 없는 듯한 공간이다.

'보후밀'의 풀네임은 '보후밀-커피-공간'이다. 프로젝트 '동지'들이 카페 이름을 지을 때 마음속에서 동시에 그 이름을 꺼내놓았다고 한다.

카페의 이름과 함께 '보후밀-커피-공간'의 시그니처인 파지를 압축한 테이블은 폐지 압축공인 한탸의 일생을 그린 보후밀 흐라

발의 대표 소설 《너무 시끄러운 고독》 속으로 그대로 빠져들게 했다. 잠시 작가 보후밀의 이야기를 전한다.

> '삼십오 년째 나는 폐지 더미 속에서 일하고 있다. 이 일이야말로 나의 온전한 러브스토리다. 삼십오 년째 책과 폐지를 압축하느라 삼십오 년간 활자에 찌든 나는, 그동안 내 손으로 족히 3톤은 압축했을 백과사전들과 흡사한 모습이 되어버렸다. 나는 맑은 샘물이 가득 고인 항아리여서 조금만 몸을 기울여도 근사한 생각의 물줄기가 흘러나온다.'
>
> _소설 《너무 시끄러운 고독》의 첫머리

보후밀 흐라발은 1914년 체코의 브르노에서 태어났다. 프라하 카넬대학교에서 법학을 전공하고, 젊은 시절 시를 쓰기도 했지만 독일군에 의해 학교가 폐쇄되자 학교를 떠나 철도원, 보험사 직원, 제철소 잡역부 등 다양한 직업으로 생계를 유지했다.

마흔아홉 이후 소설을 쓰기 시작하여 지하 출판을 통한 작품 활동으로 사회 낙오자, 주정뱅이, 가난한 예술가 등의 삶을 그려냈다. 1989년까지 정부의 검열과 감시로 작품 대부분은 출판 금지되었다. 그래서 해외 언론과 작가들로부터 '체코 소설의 슬픈 왕'이라고 불리는 현대 작가다.

이러한 일생을 산 '보후밀'의 이름의 사용하며 만일 잘 다듬어진 럭셔리한 카페를 완성되었다면 체기 있을 때 삼킨 김밥 한 덩이처럼 목에 턱 걸리는 느낌이었을 거다.

방치된 듯 보이나 신념과 철학이 뿜어져 나오는 카페 '보후밀'은 풍요의 시대에 철거 후의 모습 그대로 우리에게 말을 건다. 바퀴 나사가 풀린 채 전력으로 질주하는 스포츠카 같은 현재의 우리에게 미래에 대한 염려를 불완전한 모습으로 무심히 전달하고 있다.

○
최소한의
할 수 있는 한 '최소한'

할 수 있는 한 '최소한'.
뭔가 문맥이 어색하다. 대부분의 경우 '최대한'에 붙는 수식어 '할 수 있는 한'이 반대쪽 끄트머리 의미에 붙어 있으니 그런 모양이다.

카페 보후밀은 성수동 17길 29번지에 오래전 세탁소와 핸드폰 매장이 철거된 건물에 그냥 툭 차려진 것 같은 카페다. 그야말로 '최소한'의 것들만 작업이 된 채 사람들이 만나 소통하고 좋은 커피를 즐기는 카페 본질의 기능을 어엿하게 수행하고 있는 곳이다. 주어진 역할 수행을 넘어, 또 다른 경험과 이야기를 만들어내는 근사한 공간이다.

보후밀의 여름, ⓒ 보후밀

보후밀의 겨울, ⓒ 백지희

최소한의 마감과 절제는 어쩌면 초기 창립 멤버 김기혜와 정순구가 디자이너와 공예작가였기 때문에 가능했던 것일까.

공간이 콘셉트를 오롯이 담아내기 위해, 버려야 하는 욕심과 삼켜야 하는 말의 중요함을 이들은 너무 잘 알고 있었다. 그나마 몇 안 되는 집기들 하나하나에도 '최소한'이라는 자체 검열을 통해 소신을 지켜나가겠다는 의지가 담겨 있었다.

내가 보후밀을 방문한 날은 1월의 가장 추운 날 밤이었다. 사진과 자료들을 접한 이후서 나름대로 추위를 대비하여 중무장한 채 알루미늄 새시 출입구를 밀고 들어갔다.

여름, 가을 내내 창문과 에어컨, 문과 창문, 벽체조차 없었던 '보후밀'은 바로 앞 철거된 연립주택의 잔유물인 새시 창틀과 미송합판과 각목이 찰떡같이 합을 맞추어 아늑하고 따스한 공간으로 변신해 있었다.

카페 안에 반 평짜리 바도 생겼다. 여름처럼 빗물이나 바람 소리를 직접 들을 순 없었지만 '최소한의 것'이라는 그들만의 소신을 여지없이 지켜내며 헛헛한 가슴에 온기를 넣어줬다. 문과 벽이 없었을 때는 주위의 인쇄소에 방해가 될까 봐 음악 소리도 매우 작았는데, 버려진 창틀과 목재가 선물해준 새로운 공간은 음악마저 독립을 외치며 듬직하게 이방인을 품어줬다.

보후밀 내부, ⓒ 보후밀

버려진 병들로 만든 잔, 오포로, ⓒ 보후밀

버려지는 펠트를 땔감으로 사용하는 앙증맞은 난로 때문인지, 아니면 도착하자 마지 뭔지 모를 안도감에 단번에 털어 넣은 발베니 위스키 때문인지는 모르겠으나 그곳은 황량하기는커녕 만주 독립군의 아지트처럼 든든하고 마음 따뜻한 공간이 되어 있었다.

○
환경을 고민하는
'그냥' 보통의 마음

두 창립 멤버는 오픈한 지 몇 달이 채 안 되는 짧은 기간 만에 '힙플'이 된 보후밀의 공간 콘셉트의 성공 요소가 그저 주변에서 구할 수 있는 것들을 활용했을 뿐이라고, '그냥'과 '그저'를 반복한다. 그러나 그 말 그대로 '그저'라고 무심하게 넘기기에는 곳곳에 진심이 너무나 넘쳐흐른다.

파지와 팔레트로 만든 테이블, 버려진 병들의 레이블을 제거하고 커팅하고 갈아내고, 코팅하고 소독하여 '오포로^{oforo}'의 잔으로 만드는 과정은 '그냥' 보통의 마음을 가지고 할 수 있는 일이 아니다.

커팅된 병 위쪽은 조명등이나 다른 소품들로 다시 태어난다. 이쯤 되면 이건 무심함을 가장한 집요함이다. 주워 온 알루미늄 새시 문고리에 무심하게 매어진 가죽 한 조각에도 매서운 겨울 추위에 시린 손을 감싸는 배려가 동여매어 있다.

그저 '환경을 고민하는 정도'라고 자신들을 표현하지만, 실천이 따라붙은 그들의 고민의 실체들은 말로만 친환경을 외치는 여러 기업에 젊은 고사리 손바닥으로 등짝 스매싱을 해준 것 같은 통쾌함을 느끼게 한다.

보후밀은 시한부 공간이다. 2024년 여름의 어느 날, 건물 전체가 철거되기까지만 카페를 하는 조건으로 들어온 것이라고 한다. 짧은 시간 이렇게 많이 알려져 팝업스토어 대여 문의도 쇄도하고 이른바 뜨고 있는 힙한 플레이스로 부상되고 있는데, 전혀 미련이 없어 보인다. 그 대신 치열하게 존재하는 오늘 자신만의 색채를 성수동 작은 골목에 흩뿌린다. 들어보지 못한 창법으로 목청을 돋운다.

'개인이 정신적 주체가 되어 자유롭게 발언하는 사회를 만든다'는 보후밀의 탄생 이유를 증명하듯 다양한 콘텐츠와 사람들이 '보후밀-커피-공간' 안에서 자신만의 이야기를 쏟아낸다. 결이 잘 맞는 저자의 출간 기념회도 하고, 미술 작품전도 열리고, 일요일마다 재즈 피아니스트가 진행하는 음악회도 열리고, 컬래버레이션 커피 팝업스토어도 열린다.

공간을 매개체로 하여 사람과 사람이, 브랜드와 사람이 교류하고 상호작용을 한다. 지역 경제와 문화에 기여하는 포용적이고 활기찬 활동의 중심이 되겠다는 당초의 포부가 수축되지 않고 '공간-보후밀'의 공기 알갱이 속에 그대로 포진되어 있다.

○
2023년 10월, 그 후 1년

기획한 지 1년이 지나 다시 가을, 퇴고를 하고 있다. 바쁘다.

보후밀 이야기는 작년 겨울에서 올해 초에 걸쳐서 쓴 원고다. 글 쓰는 것을 멈춘 적은 없지만 이런저런 생계형 업무들 때문에 출간이 원래 계획보다 늦어지고 있다. 써놓은 원고가 빛도 못 보고 소멸될 것 같아 스스로 재촉하여 마무리한다.

브랜드는 살아 있는 생명체인지라 불과 몇 달 전에 써놓은 원고도 손볼 것이 많다. 그저 글의 마무리나 윤문의 차원이 아니라 그간 브랜드의 변화를 다시 점검하고 담아내려니 웹툰 연재라도 하는 것처럼 쫓기는 형국이 돼버린다.

브랜드들의 심장은 지금 이 순간에도 뛰고 있다. 진심의 피가 비즈니스 생태계의 혈관을 타고 흘러 매일매일 성장 중이다. 문장에 마침표를 찍고 돌아서면 변화와 새로운 이벤트가 계속 생긴다.

보후밀의 변화 보폭도 만만치 않다. 지난봄, 그러니까 5개월 전쯤 원고 내용 확인차 망원동 메밀국수 집에서 김기혜 창립 멤버를 만났다. 일본의 어느 건축 회사에서 보후밀의 콘셉트가 마음에 든다고 협업 제안이 왔단다. 그래서 혹시 몰라 일본어를 배우고 있다 했다. 그랬던가 싶더니, 이번에 연락했을 땐 도쿄 센다가야 보후밀에서 커피를 내리고 있단다.

'도쿄 보후밀 프로젝트'는 과감한 시도를 통해 스스로 많은 문화를 경험하겠다는 보후밀 오픈 당시 초심을 그대로 실천 중이다. 합리적인 가격과 기분 좋은 환대로 스페셜티 커피의 진입장벽을 낮춰가겠다는 경영방침 또한 한 치도 양보하지 않고 서울의 보후밀을 그대로 옮겨놓았다.

다만, 공간 디자인은 외형적인 스타일이 아닌 '로컬 친화적'이라는 정신적 의지를 고수했다. 성수동의 보후밀과 마찬가지로 기존의 공간을 그대로 활용하고 주변과 어우러짐 속에서 고품질 커피 문화를 사람들과 공유하고자 하는 보후밀의 철학이 반영된 결정이다.

이들은 보후밀을 '고민의 실현'을 연습해본 프로젝트라고 말한다. 남들이 목을 매는 소위 성공에 연연하지 않음은 MZ 특유의 쿨함일까. 아니면 반대로 마침내는 성공할 거라는 자신감의 발현일까. 젊은데 멋지기까지 하다.

도쿄 센다가야 보후밀에서 김기혜 창립 멤버, ⓒ 보후밀

다행이다. 시간이 걸리겠지만 지구에 진 빚을 갚을 방도가 생긴 것 같은 기분이다. 실천하는 사람들 그리고 희망. 이 책을 준비하며 얻은 가장 큰 수확이다.

비행기표를 샀다, 커피 마시러 가려고. 예측하지 못한 보후밀의 일 보 전진 때문에 퇴고를 한 번 더 해야 할지도 모르는 유쾌한 번거로움을 만나러 간다.

솔트레인

Rain, © 솔트레인

○
스물일곱 번
초여름들과의 조우

어느덧 초여름이다. 아직 마주하기에 힘겨운 기억의 거리에 다시 서 있다. 충무로에 왔다.

날씨 좋은 6월엔 길거리에 테이블을 펼쳐놓고 영업하던, 퇴근길 자주 갔었던 유명한 골뱅이 집이 그대로 있다. 길거리 테이블이 만석일 때는, 브랜드 팝업 행사를 마치고 남은 플라스틱 간이 테이블을 회사에서 들고 나가 길거리에 셀프 좌석을 하나 더 만들어 앉는다. 동료들과 맥주를 마시고 주인아주머니께 그 테이블을 드리고 오기도 했다. 고맙다며 계란말이를 서비스로 주셨던 것 같다.

나도 모르게 계란말이처럼 부드럽고 달착지근한 웃음이 번져 나온다. 처음엔 어색하고 정신없었던 동시보행 신호등이 있는 사거리 교차로. 횡단보도 저편에서 나의 젊은 시절, 스물일곱 번의 초여름이 나를 마주 본다.

　이곳은 인쇄와 영화와 사진의 거리이다. 그리고 크리에이티브와 콘텐츠가 끊임없이 생성되는 염전 같은 곳이다. 영화사와 카메라상점, 사진 현상소, 디자인 회사, 인쇄소와 가공업체들이 만원 버스 승객처럼 몸을 부비벼 함께 살아가는 곳. 덩달아 다방도 잘되고 담배가 전국 어느 곳보다 많이 팔리던 거리. 조금 거창하게 얘기하면 한국의 문화산업을 주도하던 밤이 오지 않는 뜨거운 거리였다. 이제는 인접한 힙지로의 영향으로 옛것과 새것이 교차하며 다른 의미로 뜨거워지고 있다.

　충무로는 나에게 고난의 시간을 삶의 원천으로 돌려준 염전 같은 곳이다. 대학 졸업 직후부터 같은 직장에서 27년간 근무했다. 창립 멤버였다. 회사도 묘목에서 나무가 되어갔고, 나도 초록잎을 입고 그늘을 만들어줄 수 있는 관리자로 성장해갔다. 회사가 커지면서 점점 근대적인 빌딩으로 이사를 갔다.

　마지막으로 이사했던 회사 빌딩엔 제법 큰 기업들이 입주해 있었다. 빌딩 맨 꼭대기 층에 있었던 회사 기업부설연구소 창문으로는 남산이 보였다. 누군가의 말로는 대한민국에서 풍수가 두 번째로 좋은 자리라고 했다. 고층 빌딩 안에는 여행사와 외국계 보험회사 등이 많았다. 업의 성격 때문인지 그 회사들은 대부분 야근이 없었다. 내가 다니는 회사는 독립 광고대행사였고, 회사 분위기는 드라마 〈대행사〉와 거의 흡사했다.

　인사가 만사인 중소기업에서 더구나 대한민국의 독립 광고대행사에서, 개인과 회사의 성장을 위해서는 공부할 수밖에 없었다. 박사과정을 밟는 동안엔 책상 의자 바로 뒤에 눕혀놓은 파란색 스트라이프 라꾸라꾸에서 새벽에 두세 시간씩 쪽잠을 자며 지냈다. 파란색과 연초록색이 번갈아 있는 라꾸라꾸 침대 나일론 커버 패턴이, 어떤 때는 붉은 피가 빠져나가고 파란 힘줄만 남은 창백한 무지개 같았다. 내 모습 같았다. 그래서 자주 어지러웠나 보다.

　새벽 서너 시가 되면 경비원 아저씨는 사무실 내부까지 경비를 도셨다. 잠시 눈을 붙이던 나는 갑작스런 플래시 불빛에 외마디 소리를 지르며 일어났고, 우리는 서로 귀신을 보듯 깜짝 놀랐다. 아무도 없으리라 생각하고 더운 여름에 하얀 러닝 차림으로 순찰하는 아저씨가 너무 무서웠다. 다시 생각해보면 아저씨 쪽이 더 공포스러웠을 것 같다. 갑자기 책상 뒤에서 헝크러진 머리를 하고 퀭한 얼굴로 왠 여자가 불쑥 일어났으니까. 아무래도 내가 위너였을 듯. 그 당시엔 경비원 아저씨 복장에 대해 관리실에 살짝 항의했지만, 최소한 목이 늘어진 하얀 러닝 차림 덕분에 난 경비원 아저씨가 귀신이 아닐 거라는 생각은 했으니까. 물론 귀신이 아닌 건 아닌 대로, 그것도 무서웠다.

　어떻게 트리밍을 해도 시야에 걸려버리는 전깃줄 더미, 인쇄된 채 제 몸이 절단됨을 기다리는 산처럼 쌓여 있는 종이 더미, 골목 어귀 대포집, 사랑하지 않을 수 없는 오랜 풍경이다. 밤을 지새우고 아주 일찍 퇴근하는 길, 어둠이 걷히고 빨갛게 밝아오는 새벽하늘은 해 질 녘의 하늘과 너무 닮아 있었다. 시선 안에 엉켜 있는 검은 전깃줄들에 시간을 묻곤 했다.

2018년 가을, 회사가 급격한 경영악화로 그야말로 하루아침에 문을 닫았다. 긴 시간의 노력이 풍랑에 휩쓸려 물거품이 되어버렸다. 처음엔 허무하고 당황스러워 꿈을 꾼 것 같았다. 실패의 쓴맛은 정제되지 않은 천일염을 한주먹 입에 넣은 것처럼 강렬하고 고통스러웠다.

그 후 몇 해가 지났다. 나는 지금 합정역 3번 출구 근처 테라스가 있는 사무실에서 글을 쓰고 있다. 회사 테라스에서는 블루베리가 연보라에서 검정 빛깔로 익어가고 있고, 곧 그 블루베리를 함께 나누어 먹을 동료들은 나를 '대표'라고 부른다.

먼 옛날 같기도 하고, 바로 어제 같기도 한 고통의 시간은 소금처럼 혈액 안에 녹아 나의 삶을 관통한다. 아직도 마음이 알싸하지만, 그 통증을 견디고 나면 이내 살균이 된다. 정신에 곰팡이 숙주가 얼씬도 하지 못하도록 그 시절의 내가 호통친다. 다시 서라고.

2025년, 나는 솔트레인이라는 회사의 이야기를 인생의 후배들에게 들려주고 있다. 갯벌에서 시작해 실패하고 다시 갯벌이 준 선물로 제대로 재기한 사람. 실패했던 소재로 세상 엣지 있는 브랜드를 만들어낸 강운철 대표의 이야기를 새로운 시작을 꿈꾸는, 아직은 마음이 슴슴한 젊은 후배들에게 전한다. 거친 파도를 넘어서 더 당당해진 브랜드의 모습을.

○
염부에게 물었다.
"어떤 소금이 가장 좋은 소금입니까?"
망설이지 않고 대답한다.
"비온 뒤 첫 소금이요."

'비온뒤컴퍼니'의 대표 강운철 소장의 고향은 임자도다. 임자도는 자연산 들깨가 많이 난다고 하여 붙여진 이름이지만, 지금은 천일염의 고장으로 더 유명한 신안군 최북단에 있는 섬이다. 강 대표는 임자도에서 초중고를 다 졸업한 그야말로 섬사람이다.

1990년도에 작은 염전을 운영했던 경험은 있지만, 2011년 작은아버지가 천일염 산지종합 처리장을 건립하는 국가사업을 맡게 된 것이 계기가 되어 본격적으로 사업에 뛰어들게 되었다. 작은아버지 혼자 감당하기에는 어려운 사업이어서 아버지, 작은아버지, 매형과 함께 사분의 일씩의 지분을 모아 영농조합 신안솔트를 설립했다.

그 뒤 '비온뒤첫소금'이라는 소금 브랜드를 런칭하고 토판염 제조 판매를 시작했다. '비온뒤첫소금'은 품질 좋은 소금을 생산, 제공하겠다는 영농조합원들과 강 대표의 신념을 담은 브랜드네임이었다. 당시 강운철 대표의 목표는 신안솔트를 프랑스의 명품소금 '게랑드'를 넘어서는 최고의 천일염 기업으로 성장시키는 것이었다. 그 길만이 개인과 가족 그리고 지역 상생을 위해 그가 할 수 있는 최선책이라 생각했다.

신안은 세계 3대 갯벌 중 한 곳이다. 천혜의 소금을 만들어낼 수밖에 없는 선물 같은 환경을 가지고 있다. 특히 임자도는 물살이 세어 바닷물이 펄과 함께 섞여 소금의 미네랄 함량이 높고 뒷맛이 단 특성이 있다. 하지만 이렇게 좋은 품질의 소금도 가치를 인정받기 위해서는 전략이 필요했다. 당시만 해도 섬에서는 다른 지역의 문화나 시장의 변화에 대해 최신 정보를 얻기 힘들었다.

사업전략이 없이는 성공할 수 없다는 생각으로 강 대표는 소비자가 원하는 제품에 대한 고민을 했다. 나름대로 철저한 시장조사로 소금의 종류를 세분화했다. 염전에서의 1차 생산물인 천일염 판매에 그치는 것이 아니라, 소금을 특화시켜 프리미엄 선물 세트로 포지셔닝했다. '비온뒤첫소금'의 제품을 프리미엄 선물세트를 네 가지 소금제품으로 구성했다. 강 대표의 의지와 사업역량을 엿

 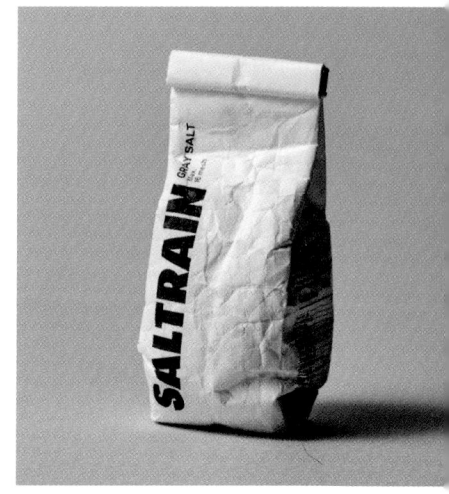

ⓒ 솔트레인

볼 수 있는 대목이다.

    그 첫 번째가 3년 동안 저장하여 간수를 뺀 '토판염'이다. 토판염은 일반 천일염과는 품질에서 큰 차이가 있다. 두 번째가 '천일염'으로 따뜻한 햇살과 바람으로 3년 동안 건조시킨 제품이다.

    세 번째는 정수된 바닷물로 소금을 세척 후 800도의 고온에서 납, 비소 등을 제거하고 몸에 좋은 천연 미네랄만 담은 천일염 제품인 '프리미엄 구운소금'이다. 네 번째 '함초소금'은 바닷가에서 자라는 염초식물인 함초를 가루를 내어 천일염과 다져 만든 제품이다. 특유의 향 때문에 음식 맛의 품격을 높이는 소금이다.

제품 자체와 시장에 대해 많은 고민을 했다. 밤낮없이 일하고, 할 수 있는 한도 내에서 모든 노력을 다했으나 경영은 또 다른 문제였다. 사업을 시작한 지 2년 만에 16억의 부채와 개인 빚 4억까지 20억의 부채가 생기고 사업은 점점 어려워졌다. 창업 멤버 중 가장 젊다는 이유로 2014년에 대표직을 맡게 되었고, 회사 운영의 부담 때문에 밤잠을 이룰 수가 없었다.

그러던 어느 날 기회가 찾아왔다. 시중은행에서 직원용 선물세트 20만 개의 주문이 들어왔다. 한 달 안에 만들어달라고 했다. 불가능한 일이었지만 뭐든 하지 않을 수 없었다. 그 후 한 달을 더 줄 테니 44만 개를 납품하라고 했다. 130명이 미친 듯이 일을 해 납품을 마쳤다. 수십만 개의 대량 납품은 처음이라 온갖 시행착오로 손실을 떠안았다. 하지만 불가능해 보였던 일을 해내고 나니 새로운 힘이 생겨 나오는 것 같았다.

소금공장에서 소금을 굽고 나면 밀가루 같은 작은 부산물이 나온다. 이 입자로 치약 등 생활용품이나 화장품을 만들 수 있겠다는 아이디어가 떠올랐다.

2015년 20억의 빚을 안고, 서울로 무작정 올라와 '비온뒤컴퍼니'를 세우고 뷰티와 덴탈케어 제품을 개발했다. 빚을 안고 새롭게 시작한 회사라 누구보다 절박했다. 고향 가족들의 기대는 힘도 되었지만 큰 부담이기도 했다.

식용소금 판매량은 조금씩 증가했지만, 강 대표가 주도한 화장품과 생활용품은 연달아 실패했다. 포기하고 고향으로 내려갈 생각도 해보고 극단적인 선택을 고민하기도 했다. 시간이 지남에 따라 눈에 보이는 성과가 전혀 없었던 것은 아니지만 단발적인 이벤트들로 회사 운영이 흑자로 돌아서진 않았다.

'비온뒤첫소금' 브랜드의 토판염 치약은 2018년 인디뷰티엑스포 뉴욕 2018 IndieBeautyExpo NY에서 최고의 치약과 스크럽으로 선정되기도 했다. 인디뷰티엑스포는 매년 LA, 베를린, 댈러스, 뉴욕, 런던 등에서 열리는 최대 규모의 독립 뷰티브랜드 엑스포 행사다. 참가 브랜드의 심사에는 제품의 기능성, 효능, 질감, 지속성, 성분뿐만 아니라 사회적 책임 등까지 엄격하게 평가되어 부문별로 선정된다.

명성을 날려도 회사는 여전히 어려웠다. 마음을 다잡고 전문가들을 영입했다. 소위 '브랜드 리뉴얼'을 했다. 외국인들에게는 긴 설명이 필요했던 '비온뒤첫소금 first salt after rain'이라는 이름을 단순하게 '솔트레인 SALTRAIN'으로 바꾸었다. 제품 디자인도 감각적으로 바꾸고 성분 배합도 조정했다. 토판염을 원료로 한 본질은 그대로이지만 전달되는 이미지의 변화를 모색하여 2020년 시장에 선보였다. 반응은 뜨거웠다.

솔트레인 치약은 출시된 지 1년 만에 올리브영이나 비이커 등 하이앤드 편집숍 40여 곳에 입점했다. 현대백화점, 신세계백화점,

29cm 등의 트렌디한 온라인 몰에서도 반응이 좋았다. 대기업에서 만드는 치약보다 비싸지만, 디자인 상품을 선호하는 MZ세대의 마음을 얻은 것이다.

솔트레인의 마니아들은 제품 디자인을 구매의 첫 번째 요인으로 꼽는다. '디자인이 다 했다'라는 온라인몰 소비자의 댓글은 그들이 솔트레인에 열광하는 이유를 보여준다. 그야말로 디자인이 브랜드를 살렸다.

디자인은 브랜드의 방향성과 내면을 표현해주는 도구다. 솔트레인 제품의 단순하면서도 힘있는 디자인은 생활공간 안에서 그 존재만으로도 활력과 에너지를 더해준다. 솔트레인에게 디자인은 그저 겉모습이 아니라 치열한 고민, 철저한 전략 그리고 과감한 판단력의 결과물이다.

○
**회색빛 소금의
핫한 변신이 주는 일상의 활력**

솔트레인의 목표는 소비자들이 먹을 수 있는 소금을 바탕으로 한 라이프 제품을 '보다 더 가까이에서 즐길 수 있도록' 돕는 것이다.

ⓒ 솔트레인

솔트레인의 치약 등 제품의 원료로 사용하고 있는 '토판염'은 우리나라의 경우 전체 염전의 단 1%에서만 생산된다. 일반적으로 천일염은 장판이나 세라믹 위에서 생산하는데, 토판염은 결정지가 갯벌이다. 그래서 회색빛을 띠어 '그레이 솔트$^{gray\ salt}$'라고 부른다.

강 대표가 가족들과 신안솔트를 창립하면서 넘어서겠다고 말했던 프랑스 게랑드 솔트가 바로 토판염이다. 장판 위에서 만드는 장판염은 하루면 생산이 가능한 반면, 토판염은 4~5일이 걸릴뿐더러 생산이 까다로워 수확량이 적다. 미네랄과 무기질이 풍부하여 몸에도 좋다. 시중 소금보다 20배 정도 비싸지만, 한 번 맛본 사람은 토판염만 먹게 될 만큼 품질에 큰 차이가 있는 소금이다.

솔트레인의 제품은 천연 갯벌에서 쨍한 햇볕과 해풍으로 수분을 증발시켜 얻은, 바닷속 미네랄과 영양 성분을 그대로 담은 토판염을 기본 성분으로 한다는 든든한 브랜드 자산을 지니고 있다. 이 자산은 지속 가능한 자원을 활용하여 건강한 제품을 만들고, 생산 과정에서도 환경에 미치는 영향을 최소화하려는 노력이 응집된 것이다.

여기에 디자인이라는 강력한 무기로 소비자들의 마음을 사로잡았다. 강 대표는 소비자의 마음을 읽어내고 리브랜딩을 통해 브랜드 메시지를 심플하고 강력하게 전달했다. 그 결과 짧은 기간에 사랑받는 브랜드로 성장했다.

솔트레인의 제품들을 살펴보면, 그레이 솔트 치약을 비롯해 입안의 건강을 위한 유산균 츄어블, 캔들, 트래블 키트, 잇몸 전문 센시티브 치약, 그레이 솔트 핸드크림, 듀폰 타이백 소재로 만들어져 재활용 가능한 리사이클 백 등이 있다.

모두 실생활에 꼭 필요한, 어찌 보면 소소한 아이템들인데 신제품이 나올 때마다 충성 고객들이 환호하는 것은 하나하나 제품의 콘셉트와 디자인 때문이다.

브랜드 입장에서 브랜드가 소비자의 일상생활에 즐거움을 준다는 피드백은 최고의 찬사다. 일상생활에 사용되는 제품 브랜드가 두터운 마니아층을 형성하고, 생필품을 특별한 날의 선물용품 레벨로 격상시킬 수 있는 것은 브랜드가 가진 스타일의 힘이다. 스타일을 잡아주는 것은 디자인의 몫이다.

일상 속 생활용품의 디자인이 삶의 스타일로 전이된다. 치약을 칫솔에 짜 올리는 순간, 욕실 거울 속의 나를 보는 순간 꽤 괜찮은 나를 발견한다. 멋진 하루가 시작된다. 회색빛 소금의 핫한 변신이 생활의 활력소가 되어준다. 무채색의 일상에 색채가 입혀진다.

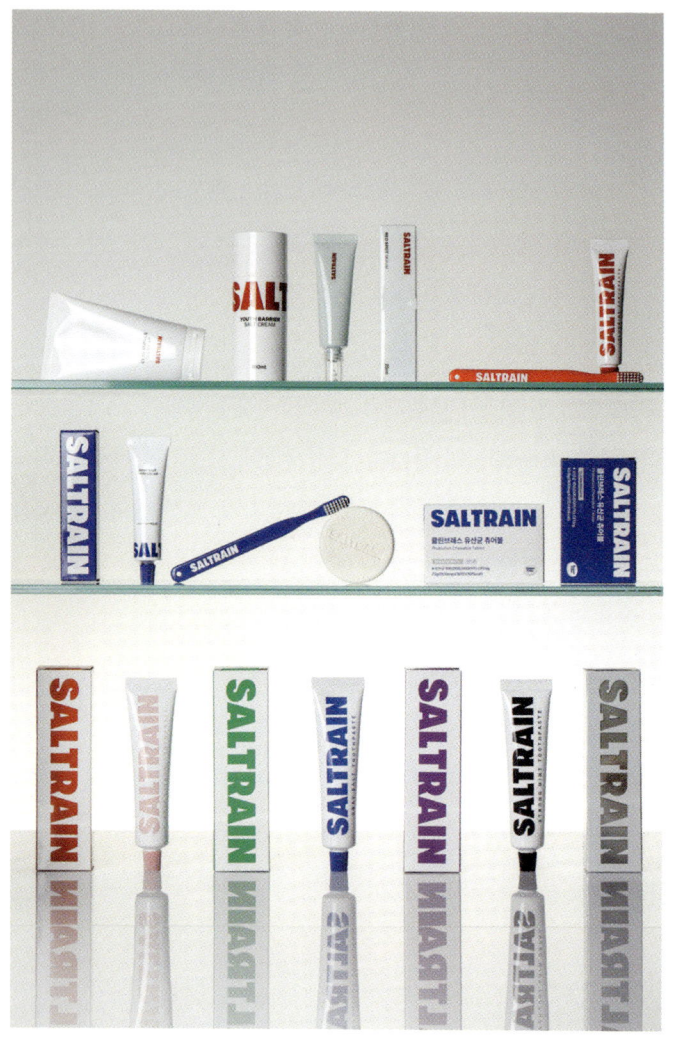

© 솔트레인

생각의 유연함이 변화의 파도를 타고
글로벌 시장으로

　솔트레인의 리브랜딩 성공 사례에는 강력한 시사점이 있다. 원료와 제조 방식 그리고 비쥬얼 아이덴티티가 하나의 방향성을 가지고 있다. '소금계의 캐비어'라고 불리는 토판염 사용과 환경친화적 전통 제조 방식을 고수하는 생산 과정 그리고 군더더기 없고 힘 있는 타이포와 컬러의 조화가 브랜드의 고집과 철학을 그대로 전달한다.

　모든 브랜드의 성장 과정에는 역경이 있다. 어려움에 당면해 있을 때 문제를 인정하고 그 이유를 찾아보려고 노력하는 자세가 성공적인 브랜드를 이끌어가는 리더의 진정한 역량이다. 사업 실패의 나락에서 솔트레인 강운철 대표의 문제해결 방식, 문제의 핵심을 자신의 마인드라 때문이라 규정하고 하나하나 그것을 수정해가는 그 과정은 어쩌면 갯벌에서 소금을 추출해내는 그 과정과 흡사했을 것 같다.

　가장 힘들었을 시기에 자신의 태도로 돌아보고, 가장 어린 직원과의 대화에도 존댓말을 쓰고 어떤 어려움이 생겨도 웃으려고 노력하고, 작은 행동의 변화로 회사 분위기를 부드럽고 긍정적으로 만들었더니 모든 일이 잘 풀려가더라고 강 대표는 회상한다.

그저 편안한 분위기의 근무 환경을 만들었을 뿐이라고 솔트레인 제품들의 디자인처럼 '쏘 쿨'하게 말한다. 디자인과 마케팅의 중요성을 깨닫고 전문가 의견에 귀를 기울인 것도 큰 도움이 되었다고 한다. 진정한 소프트 파워는 만들기 위해서는 리더의 '생각의 유연함'이 필요하다는 것을 일깨워준다.

솔트레인은 2021년 세포라 팝업매장에 입점하면서 해외시장 진출의 교두보를 마련한 이후 미국, 유럽, 러시아 등 글로벌 시장에서도 자리 잡고 있다. 그 외에도 패션 브랜드와의 콜라보, 다양한 팝업스토어 등을 통해 늘 새로운 모습으로 소비자와의 소통을 이어가고 있다.

'건강하고 개성 있는 모두의 라이프 스타일을 존중하고 지원한다'는 브랜드 모토 아래, 2024년 방탄소년단 일곱 멤버가 귀여운 모습으로 형상화된 캐릭터 제품 '타이니탄' 시리즈를 디즈니와의 컬래버레이션을 통해 출시하기도 했다.

이처럼 솔트레인은 역동적이면서 동시에 다양한 방법으로, 그러나 브랜드의 개성과 철학을 잃지 않고 멋지게 성장해가고 있다. 변화의 파도를 타고 더 넓은 시장에서 글로벌 브랜드와의 진검승부를 기대해본다.

힙한 디자인과 스트리트 감성으로 소비자들에게 사랑받으며,

제품의 효능 또한 놓치지 않는 디자인과 기능에 대한 균형감. 소비자의 삶에 건강과 활력을 주는 무형의 자산은 롱런할 수밖에 없는 브랜드, 솔트레인을 존재케 하는 핵심 가치다.

솔트레인은 ESG를 실천하는 브랜드가 매력적일 수 있다는 것을, 대기업이 아니어도 가능하다는 것을, 교단에서 목 놓아 외칠 필요 없게 만들어주는 고마운 브랜드이다.

07

죽음의 바느질 클럽

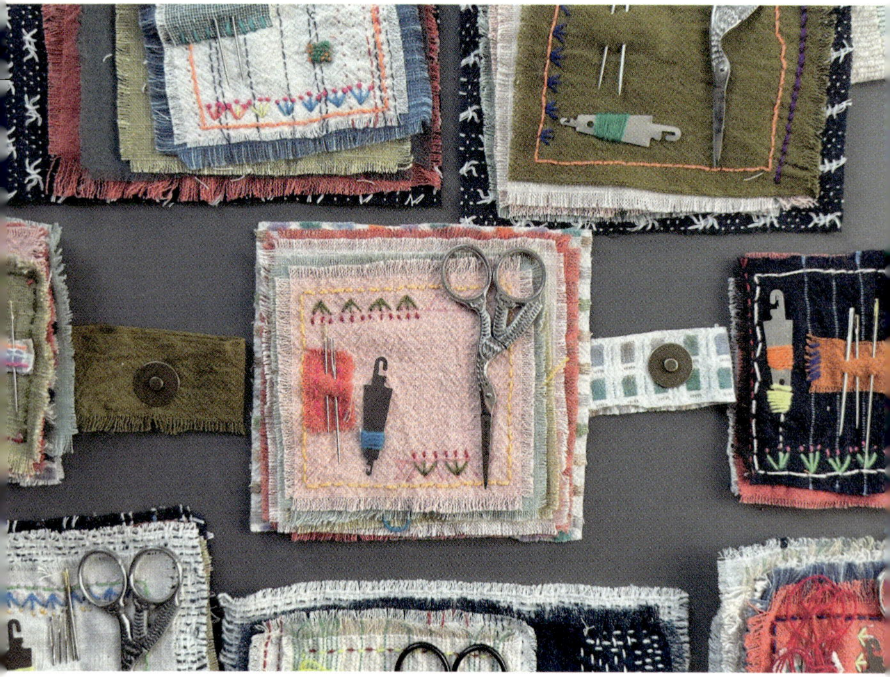

휴대용 바느질고리들, © 죽음의 바느질 클럽

오호통재라!

'오호통재라. 내 삼가지 못한 탓이로다.
무죄無罪한 너를 마치니 백인伯仁이 유아이사由我而死라.
누를 한恨하며 누를 원怨하리요.'
(조심성이 없어 내가 너를 죽였구나.
나 때문에 죄 없는 네가 못쓰게 되었으니
누구를 탓하고 누구를 원망하리오.)

조선 순조 때 유씨 부인이 27년간 동고동락하던 바늘을 잃고 애통해하며 쓴 수필인 조침문의 한 구절이다. 젊은 시절 가문 좋은 집으로 출가했다가 슬하에 자녀도 없이 과부가 된 유씨가 오로지 바느질을 낙으로 삼고 살던 중 시삼촌에게서 얻은 마지막 바늘이 부러지자, 그 섭섭한 마음을 가눌 길이 없어 애통해하며 지은 글이다.

뜬금없이 조선 시대의 수필로 글머리를 시작한 것은 유씨 부인의 심정이 이번에 소개할 '복태와 한군'이 바늘과 교감하는 마음과 닮아 있어서다. 그리고 다른 의미의 외침이지만 바늘을 잃고 애통해하는 그 마음 '오호통재라'로 되풀이되는 안타까움이 삶의 터전인 지구가 돌이킬 수 없는 지경에 이른 후 우리가 갖는 마음일 것 같아서다.

지난해였던 것 같다. 손재주도 글재주도 좋은 지인으로부터 '죽음의 바느질 클럽'에 대한 얘기를 들었다. 흥미로워서 '시간이 되면 바느질 수업에 한번 참여해봐야지' 생각하고는 그대로 밀어두고 있었는데, 이상하게 요즘 어떤 키워드를 검색해도 자꾸만 튀어나온다.

음악을 검색하다가도 연결이 되고, 팝업스토어를 검색하다가도 얼굴을 내밀고. 환경 관련 전시를 찾는 과정에서도 툭 튀어나오고, 자꾸 마주치는 사람에게 이상하게 끌리듯이 그렇게 치앙마이 바느질의 늪으로 끌려 들어갔다.

다리 다친 것이 다 회복되지 않아, 타조같이 둠칫둠칫 회사 근처 교보문고로 뛰어가 초록색 양말이 커다랗게 인쇄된 표지의 책《죽음의 바느질 클럽》을 사서 오후 내 다 읽었다. 며칠 줄곧 그들이 10년 만에 낸 앨범 〈밤과낮〉에 수록된 음악을 들으며 출퇴근했다. 타이틀곡은 아니지만 '더 이상'이라는 곡이 마음에 꽂혀 흥얼거린다.

'난 그렇게 무너지고 있어요. 난 그렇게 사라지고…… 난 더 이상…….'

복태의 새벽녘 같은 음색에 회색빛 좌절의 가사가 온화하게 얹혀서 마음이 저릿하다.

마음이 '죽음을 바느질 클럽' 바느질 재료 색실처럼 선명하지만 부드럽게 염색되었다. 이제 또박또박 수놓이는 그들의 인생 이야기를 할 준비를 마쳤다. Go Run! 치앙마이 바느질 사부 '액'의 첫 가르침처럼 이제 그들의 삶 속으로 들어가보자.

○
복태와 한군

복태와 한군은 인디밴드다. 직접 곡을 쓰고 노래하고 연주하는 싱어송라이터다. 그리고 삼남매 지음, 이음, 보음과 강아지 열음을 키우는 인생의 실과 바늘 같은 관계다. 실과 바늘. 진부한 표현이지만 두 사람에게는 중의적인 의미다.

공연에서 만나 부부가 되고 2011년 앨범을 내려 했는데, 첫째 아이가 생겼다. 다음 해 앨범을 내야지 했는데 둘째가 생기고, 다시 앨범을 만들려고 하니까 또 셋째가 생겼다.

결국 10년 만에 정규 앨범을 내게 되었다. 이 앨범은 20회 한국 대중음악상 최우수 포크 음반상을, 타이틀곡 〈밤과낮〉으로 최우수 포크 노래상을 받았다. 그러나 인디 뮤직의 수상으로 생활이 완전히 안정될 수는 없었다.

그런데 그 앨범은 이제 치앙마이 바느질 열풍으로 마니아들에게 다시 한번 뜨거운 조명을 받고 있다. 진짜 '실과 바늘'이 두 사람 인생의 터닝 포인트가 된 것이다.

예사롭지 않은 삶은 결혼식 추진도 드라마급이다. 두 사람의 이야기는 2012년 KBS 〈인간극장〉에 5부작으로 방영되기도 했다. 부친이 개신교 목사인 당시 스물한 살의 지방 청년 한군, 양친 모두 독실한 천주교 신자인 스물아홉 살 서울 여자 복태, 길게 설명하지 않아도 양가의 반대는 자명한 일이었다.

일정한 수입이 없던 두 사람은 궁리 끝에 '은혜 갚을 결혼식'이라는 프로젝트를 추진했다. 소셜펀딩 텀블벅을 통해 결혼식 비용을 후원받은 후 악기 강습과 출장 공연 등 그들이 할 수 있는 모든 재능을 동원해 결혼 후 은혜를 갚아가는 방식으로의 결혼식을 올렸다.

그 후 두 사람은 그야말로 생계형 뮤지션이 되었다. 초대받은 공연에는 어디라도 갔다. 한군은 네댓 군데 기관에서 악기를 가르치고, 복태는 아이를 업고 함께 음악 수업을 했다. 하지만 '아둥바

복태(왼쪽)와 한군(오른쪽), ⓒ 죽음의 바느질 클럽

둥'이 아닌 '자신들만의 철학과 지혜'를 담고 살아간다고 프로그램은 전한다.

자료를 찾다 10여 년 전 방송 댓글들을 보니 나이 차이, 튀는 외모, 생활력, 종교 차이 등에 대한 걱정 또는 '길게 못 갈 거다'라는 식의 긍정적이지 않은 내용이 대부분이다. 두 사람은 그들만의 방식으로 지속하는 삶을 통해, 사회의 편견에 무심하고 통쾌한 한

방을 날려주었다.

복태와 한군은 세 남매를 키우며 음악 활동을 하던 중 '복태와 치앙마이가 잘 어울린다'는 지인의 말에 2016년 겨울 치앙마이에 항공권을 끊는다. 작은 공연과 대안학교에서 음악을 가르치며 생활하는 그들에게 겨울은 일이 끊어지는 계절이었고, 따뜻한 나라에서 어쩌면 생활비도 절약할 수 있을 거라 기대하며 치앙마이로 향했다.

치앙마이의 작은 카페에서 딸 지음에게 원피스를 사주려다 우연히 바느질하고 있는 사부 '액'을 목격한다. 그의 신들린 바느질 솜씨에 눈을 떼지 못하여 며칠을 삼고초려했고, 마침내 복태는 바느질을 배운다. 물론 남편 한군의 흔쾌한 3남매 '독박육아'가 있었기에 가능한 일이다.

왠만하면 허둥지둥 서두르는 법이 없고, 오래 신어 뒤축이 닳은 운동화에 청테이프를 덕지덕지 붙이고 다니는 한군과 예쁜 신발들을 사랑하며 일분일초를 쪼개어 살고 완벽을 추구하는 복태. 이렇게 완전히 다른 두 사람이 만나 서로 스며들어 엮여가는 모습이 그들의 바느질이며 삶이다.

오늘이 며칠인지, 지금이 몇 시인지 별로 중요하지 않아 하는 한군의 라이프스타일은 절대 서두르지 않는 치앙마이 정신과 일치

한다. 복태의 무엇이든 자기 손으로 완성하고 싶어 하는 꼼꼼함과 지속력은 바느질의 기초 덕목이다.

'죽음의 바느질 클럽'이라는 장안에 핫한 바느질 커뮤니티를 소개하면서 유독 이렇게 주인장들의 소개가 길어지는 이유는 복태와 한군, 두 사람의 삶이 우리에게 주는 여유와 위로를 선명히 전하고 싶어서이다.

복태: 우리, 몇시에 만날까?
한군: 해가 질 무렵?
복태: (한숨) 해가 질 때가 몇 시냐구? 누군가를 기다리게 하는 것은 그 사람의 시간을 빼앗는 거야.
한군: 난 너를 기다리는 시간이 너무 좋은걸, 빼앗긴 시간은 없어, 걱정 마.

《죽음의 바느질 클럽 중》

○
삶과 바느질
노 빠꾸 직진!

2016년 치앙마이에서 처음 스승 액의 바느질 모습을 보고 복태는 한눈에 반해 바느질을 가르쳐달라고 부탁했다. 단번에 거절당한 후, 관광지 구경을 하는데 그의 바느질이 자꾸 생각났다. 여행의 남은 날은 계속 줄어들었다. 첫 만남 후 우연을 가장해 매일 찾아가서 인사를 건넸다.

5일째 되던 날 그가 말했다.
"바느질을 알려줄게요, 친구니까. 가르치는 건 못해요. 친구라면 알려줄 수 있을지는 몰라요."
이렇게 줄자도 패턴도 실측도, 버려지는 원단도 거의 없는 딸 지음이의 아름다운 원피스 만들기가 시작되었다.

서툰 영어로 하는 대화는 투박하지만 그래서 더 진솔하다.
"노 하드 앤드 테이크 릴렉스~."
스승 액이 바느질을 알려주며 자주 해준 말이다. 실을 너무 팽팽히 잡아당기면 옷의 형태가 망가지는 것에 대한 염려이기도 하고, 바느질하는 마음가짐에 대한 조언이기도 하다. 삶에 대한 그의 태도다.

세 번째 바느질 여행을 간 2019년, 한군은 액이 직접 만들어 입고 있는 재킷을 보고 눈을 떼지 못했다. 그의 새 재킷에는 고양이, 소, 나무, 해, 별 등이 수놓여 있었다. 그날 그는 액에게 바느질을 배웠다. 풍채가 있는 50대의 액과 180센티미터가 훌쩍 넘고 발 크기가 300밀리미터인 한군, 두 남자의 바느질하는 풍경은 진지하고 아름다웠다.

바느질하는 복태, ⓒ 죽음의 바느질 클럽

'죽음의 바느질 클럽'이라는 이름은 초창기 워크숍 때 한 참가자가 물 한 모금 안 마시고 7시간을 꼬박 앉아 바느질한 후 완성한 순간 일어나면서 "이거 완전 죽음의 바느질인데"라고 무심코 말한 것을 허락받고 커뮤니티 이름으로 사용했다.

말 그대로 한번 빠지면 멈출 수가 없어 '죽도록' 하게 된다는 의미와 '우리는 죽을 때까지 바느질을 멈추지 않는다'는 뜻도 가지고 있다. 그러나 진정한 의미는 '바느질을 통해 마음속 번뇌를 죽이고 새로 태어나자'다. 줄여서 '죽바클'이라고도 부른다. '죽바클' 워크샵에서는 직접 옷을 만들어 입기도 하고 '수선의 이로움, 자수의 즐거움'이라는 수선 클래스도 운영한다.

복태와 한군 둘 다 바느질을 사랑한다. 복태는 주로 옷을 만들고, 한군은 수선과 자수를 놓는다. 치앙마이 스승 액에게 전수한 '스네이크 본'이라고 불리는 소수민족 카렌족의 바느질법을 사용한다. 이들은 이 방법을 치앙마이 바느질법이라고 부르고, 치앙마이 정신을 늘 강조한다.

치앙마이 정신이란 '최선을 다하되 서두르지 않는 것'이다. 힘들면 잠시 쉬고, 지나치게 완벽해지려 아등바등하지 않고 편안하게 즐기면서 바느질을 해가는 걸 의미한다. 잘하고 잘못하는 것은 없으며 웬만해선 실을 끊어내거나 뒤로 가지 않는다.

이제 바느질은 그들의 '본케'가 되어 그 힘으로 음악을 이어간다. 첫째 딸 이름 지음처럼 옷을 짓고 음악을 지으며 살아간다. 바느질처럼 또박또박, 한 땀 한 땀 나아간다. 노 빠꾸 직진! 인생도 바느질도, 후진은 없다.

○
휘뚜루마뚜루 정신과 덕업일치

MZ세대에 대한 기성세대의 평가는 놀라움과 때로는 탄식으로 이어진다. 한때는 마치 우주인이라도 나타난 것처럼 줄지어 연구 보고서와 관련 책들이 출판되었다.

MZ세대나 기성세대를 출생년으로 뭉뚱그려 묶어놓은 것도 억지스럽지만 그들의 특성에 대한 해석도 동의할 수 없는 부분이 많다. 개인적인 것과 이기적인 것은 다른 개념이며, 사회와 환경 문제 등 의미 있는 일들이 중심이 되는 소비 행태도 MZ세대의 특성 중 하나다.

기성세대와의 가장 큰 차이는 무엇인가를 지속하기 위한 접근 방법이다. 의무감이나 외부로부터 주입된 군중심리보다는 스스로가 느끼는 '명분'과 '재미'가 중요한 동기가 된다. 재미와 의미, 이

'죽바클' 워크숍, © 죽음의 바느질 클럽

두 가지 요소가 다 충족되어야 행동으로 이어진다.

    재미는 행동이 지속력을 갖게 되는 원동력인데, 그 재미라는 것이 우리의 예상을 넘어선다. 재미를 느끼는 포인트도, 재미를 대하는 태도도 때로는 '얼척' 없다. 그 재미라는 것을 느껴 일명 '덕후'가 되고 종종 '업'이 되기도 한다. 이렇게 '덕업일치'가 되면 인생이 달라진다.

'죽바클'의 워크숍이 매번 빛의 속도로 마감되고, 옹기종기 모여 앉아 옷을 짓고 수선하는 모습은 바느질과 젊은 세대에 대한 선입견을 동시에 깨부숴준다.

요즘 젊은 세대들이 순간의 즐거움만 탐닉하고 공동체엔 관심이 없다는 견해가 지배적이다. 단편적으로 보면 어쩌면 바느질하는 모습도 그렇게 보일 수 있다.

모여 있지만 혼자의 작업이고 한 땀 내리꽂고 바늘은 혼자만의 방향으로 전진한다. 고개 숙인 채 손바닥만 한 자신의 영토만을 주시한다. 하지만 가장 가까운 곳을 주시함과 동시에 우리가 살아갈 가장 넓은 세상을 배려하고 있는 그들이다.

> '복태야, 나를 좀 어디 가둬주면 안 돼? 그럼 온종일 바느질만 할 텐데. 도대체 하루는 왜 24시간이야? 너무 짧잖아, 애들 방금 학교에 보낸 것 같은데 벌써 돌아올 시간이야.'
>
> 《죽음의 바느질 클럽》중

휴대용 반짇고리를 만들어서 가지고 다니며 집안에서건 밖에서건 틈만 나면 바느질하던 한군이 급기야 시간에 원망의 화살을 돌리던 어느 날, 복태는 한밤중에 머리에 헤드랜턴을 끼고 부엌 한 구석에서 부스럭거리며 비닐봉지에 바느질하고 있는 남편 한군을 발견한다.

내가, 가족 중 누군가가 그런 모습으로 있는 것을 한밤중에 발견한다면……. 음, 잠시 걱정을 좀 했을 것 같다.

취미를 업과 예술의 영역으로 끌어올린 한군과, 그런 그를 응원하고 동참하는 복태, 두 사람은 삶의 뜨거운 동지이며 한쪽이 없으면 나머지 존재가 무색해지는 실과 바늘임이 분명하다.

치앙마이 스승 액에게 배운 바느질 정신은 우리가 알고 있는 정교한 자수와는 차이가 있다. 좀 삐뚤삐뚤해도 괜찮고, 듬성듬성할 수도 있는, 손으로 만든 옷이니 완벽하지 않아도 되는, 자기만의 바느질 리듬으로 자유롭게 옷을 짓는 바느질 정신이다.

방법은 존재하지만, 순서가 바뀌거나 뭐가 어찌 되었든 입을 수 있고, 입어서 즐거우면 되는, 휘뚜루마뚜루 정신. 너무 열심히 하지 말고, 즐거울 만큼 하다가 멈춰도 되는, 그러다 언젠가 옷이 되는 것. 이것을 그들은 '치앙마이 정신'이라 부른다. 음악을 하는 복태와 한군에게는 이런 정신이 음악과 엮여져 그대로 그들의 삶이 되어간다.

바느질은 '멈춤의 미학'이며 '틈새 예술'이다. 쉬고 싶으면 눈치 보지 않고 멈추고, 다시 하고 싶으면 요란 떨지 않고 다시 시작한다. 자연스럽고 소소하다. 바느질은 죽어 있는 틈새 시간을 부활시킨다. 바늘과 실 그리고 꿰매고 엮을 무엇이라도 있으면 언제든지 자신과의 열애가 가능하다.

　아주 짧은 틈새 시간을 조각조각 이어서 아주 먼 여행을 할 수 있다. 그리고 그 여행에서 현실로 돌아왔을 때 뭔가 뿌듯한 것이 손에 들려져 있다. 복태와 한군 그리고 그들과 바느질을 함께하는 사람들은 그 맛을 알아버린 이들이다.

ⓒ 죽음의 바느질 클럽

"노 하드 테이크 릭렉스~."

바느질은 열심히 하지 말라는 스승의 조언을 지키기가 정말 어려운 작업이다. 일단 시작하면 빠져들어 어느새 그만 '열심히' 해버리고 만다.

'죽바클'의 인스타그램 아이디는 '@da_jojin_da'이다. 처음에 "응, 뭐지?" 하면서 천천히 발음해보다 어이없는 웃음이 터졌다. '다_조진_다'니! 그런데 하나하나의 작업물들을 보고 나니 왠지 수긍이 가는 듯도 하다.

천의 해진 부분이나 구멍이 그들에게 걸리면 다 무사하지 못했다. '조져져서' 옷이나 양말뿐만이 아니고 가방, 신발, 버려진 우산, 종이 쇼핑백, 비닐봉지까지 새 생명을 부여받는다. 그들에게 걸리면 일회용 인생은 허락되지 않았다. 그 대신 더 선명하고 치열하게 오래 살아내야 하는 임무가 주어진다.

복태와 한군이 바느질을 사랑하는 이유 중 하나는 '무해'하기 때문이다. 의미심장한 말이다. 환경보호에 앞장서는 브랜드도, 미술가도 무엇인가를 새로 만들려면 크든 작든 새로운 에너지를 소비한다. 업사이클링 이전에 고쳐 쓰고 다시 쓰는 습관이 먼저다.

바느질은 무해하고 더 나아가 이롭다.
결정적으로, 재미있다!

○ 니들 댄스

'죽음의 바느질 클럽'에 한 번도 안 참여한 사람은 있어도 한 번만 참여한 사람은 없다는 말은 '죽바클'을 알고 있는 사람들에게는 이미 식상한 얘기다.

치앙마이 크래프트 위크 전시, ⓒ 죽음의 바느질 클럽

한번 시작하면 빠져나올 수 없는 치앙마이 바느질의 매력은 경험해본 사람들의 입소문을 타고 화제가 되었다. 인기는 한군이 소파를 수선하는 과정을 기록해놓으려고 만들어 올린 엉성한 쇼트 영상으로 불길이 더해졌다. 석 달 동안 4만 명의 팔로워가 늘어났다.

코로나19가 터지면서 워크숍이 중단되고 '클래스 101'을 찍었다. 온라인으로 전국적으로 홍보가 된 계기가 되었다. 여기저기서 워크숍 제안이 쏟아졌다. 워크숍만 열리면 전국 각지뿐만 아니라 해외에서도 방한하는 참여자들도 늘어갔다.

지속 가능한 패션, 기후 위기 그리고 핸드메이드의 트렌드 등과 맞물려 더욱 바빠졌다. 좋아하는 일을 하고 신념대로 살아가며 타협하지 않고 인싸가 되었다. 사람들이 그들 본연의 마이너함을 있는 그대로 좋아해준 것이다.

2019년, 2022년, 2024년 치앙마이 현지에서 실행한 '바느질 여행 워크숍'도 빛의 속도로 마감되었다. 3박 4일 동안 바느질을 실컷 하고 스승인 액과도 함께한 즐거운 프로그램이었다.

'죽바클'의 목표 중 하나가 치앙마이 소수민족들과 공생할 지점을 모색해보는 것이다. 조금 더 깊게 다양한 소수민족들을 만나 바느질 기법을 배우고, 그들이 만든 수공예품이나 직조 원단들을 한국에 소개하고 싶은 포부를 가지고 있다. 그들 덕분에 바느질과 함께 삶을 일구어갈 수 있음을 감사하고 싶어서이다.

복태와 한군의 바느질 작품은 전시회로 활발하게 소개되고 있다. 우연한 기회에 참여하게 되었던 치앙마이 크래프트 위크가 전시의 시발점이 되었다. 코로나19가 잠잠해진 2024년은 특히 전시가 많은 바쁜 한해였다.

2024년 5월, 가방 브랜드 '바이호미'의 제안으로 컬래버레이션 전시를 했다. 처음으로 바느질한 제품을 판매했다. 전시명은 'Needle Dance'였다. 실제 바느질을 형상화한 춤도 선보였다.

연이어 6월에는 무인양품과 컬래버레이션 전시를 했다. 버려지거나 버려질 뻔한 것들의 이름을 불러보는 전시였다. 낡은 옷과 양말, 비닐봉지, 영수증 등에 바느질하여 그들과의 소통을 시도했다.

같은 해 7월 고양시립미술관에서 진행했던 '플라스틱 파라다이스' 그룹전 참가도 의미 있는 전시였다. '니들 댄스 온 비닐봉지'라는 전시명으로 한국의 비닐봉지 작업을 본격적으로 선보였다.

늘 엑스트라 취급을 당하는 비닐봉지를 주연으로 내세워 주목받게 함으로써 환경에 대해 생각해보자는 의미를 담았다. 처음에는 비닐봉지를 아름답게 바느질해 여러 번 사용해보고 싶어서 시작했는데, 사람들은 예술로 바라봐주었다.

선하고 아름다운 두 뮤지션의 마음을 바늘귀에 꿰고 바늘이 춤을 춘다. 음악과 함께 마음에 꽂힌다. 상처받은 마음을 꿰매고 사람들을 엮고, 마음을 이어 새살을 돋아낸다.

복태와 한군의 바느질은 이제 무브먼트로 자리 잡아 예술로 인정받고 있다. 자신들은 생계형 아티스트라서 워크숍도 자주 해야 한다고 웃으면서 말한다. 생계형이라서 더 아름답다. 춤추는 바늘의 리듬으로 우리 삶도 흥겨워진다.

바늘땀의 작은 기쁨에 눈물 나게 웃어보자. 고개 숙인 우리의 바늘 끝 시야가 가장 넓은 대지를 품을 수 있도록.

○
'모쪼록 살려내도록'

복태와 한군의 책 제목이다. 우리 곁에서 많은 것들이 사라져 가는 오늘, 의미 있는 메시지다.

날씨가 유난하다. 온난화로 지리 시간에 열심히 외웠던 지역과 특산물의 조합이 의미가 없어지고 있다. 연평균 기온이 1℃ 오

© 죽음의 바느질 클럽

를 때 농작물 재배 가능 지역은 81킬로미터 북상하고, 해발고도는 154미터 상승한다. 이제 귤은 제주도에서 전라도로, 급기야는 서울까지 밀고 올라와 노지 귤 농사가 서울에서도 시작되었고, 호수가 얼지 않아 화천 빙어 축제는 개최하지 못한지 몇 해가 되었다.

이 시점에서 우리는 무엇을 해야 할까. 예견된 일들을 외면하는 우리의 업보를 감당해야 할 다음 세대에게 우리는 무슨 말을 해줘야 할까.

바느질을 시작하면 시각도 바뀐다. 옷 정리를 할 때 해진 옷들이나 구멍 난 양말을 보면 수해 입은 이웃 같은 느낌이 들어서 어떻게 구조할까를 먼저 생각한다. 수선의 시각으로 옷장을 열고, 도움을 주고 함께 살아가야 할 난민들에게 기꺼이 손을 내민다.

바느질에 대한 철학과 태도는 그들의 아이들에게도 자연스럽게 스며들었다. 친구의 구멍 난 바지를 집으로 가져오기도 하고, 선생님의 구멍 난 양말을 본 아이가 '어떻게 선생님에게 양말을 벗어 달래서 아빠에게 가지고 가지?' 하고 고민한다.

2017년부터 시작한 '죽바클' 클래스를 많은 이가 경험했다. 클래스를 마치고 바느질이 그들의 삶 속으로 들어가 생활의 한 부분으로 이어지는 모습들을 전해 들으며 복태와 한군은 보람을 느낀다. 무언의 메시지가 통했음을 감사한다.

스스로 만든 옷을 입고, 물건에 새 생명을 불어넣는 아름다운 노역, 바느질로 탄생한 물건을 직접 사용하거나 누군가에게 선물할 때 소소한 즐거움을 느낀다. 환경에도 무해하다는 흐뭇함은 커다란 보상이다.

'죽바클' 수선 클래스의 준비물은 각자가 가진 해지거나 구멍 난 것들이다. 재활용 의류 상자에도 들어갈 자격조차 잃어버린 물건들. 버려질 미래를 무방비로 받아들이며 주인 된 자의 세월을 투영하고 있는 것들.

손을 움직여 지나간 시간들에 새 삶을 부여하고 나면 마음도 수선된다. 구멍 난 물건들도, 구멍 난 마음도 색색으로 메꿔져 기지개를 켠다.

함께했던 시간도, 소중한 지구도
모쪼록 살아주기를.

PART 3

이웃과 동행하는 디자인

―

마르코로호 / 핸드픽트 호텔 / 감자아일랜드

마르코로호

어머니(1962년), © 백지희

○
"누나, 저 이구예요"…
"시팔"

내 어머니 성낙숙 여사는 평생 예쁜 것들을 사랑하시며 사시다 몇 해 전부터 치매를 앓고 계시다. 치매가 진행 중이어서 기억할 수 있는 가족의 수가 하나둘 줄어들고 있지만, 외출할 때는 나름대로 어울리는 모자를 꼭 쓰고 양말까지도 색을 맞추곤 하신다.

몇 달 전 사촌 동생이 결혼식을 올렸다. 어머니를 꼭 모시고 오라는 신랑의 부탁에 가족 모두가 긴장하여 어머니와 함께 결혼식에 참석했다. 어디를 가는지도 모르면서 평소 좋아하던 보라색 재킷을 손수 입고 오랜만의 외출을 하셨다.

결혼식이 끝나고 멀찍이 앉아 계시던 어르신이 어머니를 발견하고는 반갑게 눈을 맞추셨다. 어릴 적 같은 동네에 살던 어머니의 한 살 터울 사촌 동생을 10여 년 만에 만나는 순간이었다. 여든여

덟의 할아버님은 뇌졸중을 앓고 회복된 지 얼마 안 되어 딸에게 의지한 채 힘겹게 어머니 곁으로 다가오셨다. 반가워서 함박 웃으시는 모습이 꼭 하회탈 같았다.

"누나, 저 이구예요, 어릴 때 같이 놀던……."
"시팔."

초점 없는 눈빛을 한 어머니의 느닷없는 욕설에 우리는 너무 당황했고 잠시 정적이 흘렀다. 그러고는 이내 폭소가 터졌다. 그렇지, 이구는 십팔이지.

요즘 어머니는 다른 감각은 점차 잃어가면서도 신기하게도 수리력은 유지하고 있다. 함께 사는 언니 말에 따르면 93 빼기 7 같은 산수를 연이어 몇 단계씩 계산해내는 바람에 실제 병의 진행 상황보다 낮은 등급의 장애로 등급이 매겨졌다고 한다. 신기한 일이다. 전형적인 문과 소녀이셨는데…….

화사한 옷차림, 하얀 피부, 외출이 신나서 스스로 발라 옆으로 번진 핑크빛 립스틱, 초점 없는 눈동자……. 어머니의 '이구 시팔'은 평생 가족들에게 공주병이라고 따뜻한 놀림을 받았던 곱디곱던 세월을 지난 자신의 노년에게 던진 무기력한 핀잔이었을지도 모르겠다. 좀 전에 접시에 담아온 양장피에 겨자가 너무 많이 들어갔나 보다. 눈물이 핑 돌았다.

어머니처럼 평생 아름다움을 사랑했던 많은 노인이 경제적, 사회적으로 소외되는 현실. 이러한 문제해결을 위해 탄생한 브랜드가 '마르코로호'다.

마르코로호를 알게 된 게 얼마 되지 않아 아쉬웠다. 예쁜 거 만드는 걸 누구보다 좋아하고 잘하셨던 어머니. 혹시 넘치면 아래 사진 사이즈 줄이기....

당신이 만든 예쁜 것들로 다른 누군가를 도울 경험을 하셨더라면, 연약해서 무리지어 피는 것 같다며 따뜻하게 코스모스를 바라보시던 그날처럼, 마음이 더 풍요로워지셨을 것 같다. 어쩌면 치매라는 병마가 조금 더 늦게 찾아왔을지도 모르겠다.

남매가 만든
수채화 같은 브랜드

초등학교 교사였던 신봉국 대표는 우리나라 노인 2명 중 1명은 경제적 어려움을 겪고 있고, 노인 빈곤율과 노인 자살률이 OECD 국가 중 1위라는 사실을 접하고 현실이 너무 안타까웠다. 고민 끝에 그는 노인복지를 전공한 동생 신은숙 씨와 함께 뜻을 모아 브랜드를 만들었다. '마르코로호'라는 이름에는 어려움이 있더라도 의미 있는 일을 '끝까지 해'보고자 하는 남매의 초심이 담겨 있다.

끝까지 해보려면 소비자의 마음을 사로잡을 가치 있는 브랜드를 만들어야 한다. 가치 있는 브랜드는 자신만의 철학을 기반으로 지속된다. 그리고 브랜드가 지속성을 유지하려면 생산자와 소비자 간에 소통과 교감이 이루어져야 한다. 이들의 진심 어린 소통과 교감이 잔잔하지만 살아 있는 마르코로호의 브랜드 스토리를 엮어낸다.

여성 노인의 경제적 빈곤과 사회적 소외 문제해결이 브랜드 마르코로호의 소명이다. 신 대표는 마르코로호를 '할머니들의 삶의 질 향상을 위해 만들어진 생활용품 브랜드'라고 정의한다. 마르코로호는 할머니 감각을 그대로 담아놓았다. 할머니가 직접 제작한 수공예품을 판매하는 방식으로 할머니의 일자리를 창출한다.

© 마르코로호

PART 3 이웃과 동행하는 디자인

마르코로호는 제품 판매를 통해 조성된 순수익의 20% 이상을 할머니들의 행복한 일상을 위해 다시 사용한다. 주거와 생활환경의 문제해결이 시급한 할머니들을 위한 의식주 지원, 꿈과 취미를 찾아가는 할머니 문화 활동 지원, 혼자 사시는 할머니의 안부를 묻고 고독사를 방지하는 활동을 지원한다.

신 대표는 개인의 가치소비 제품을 다루는 브랜드는 진정성과 퀄리티를 동시에 잡는 것이 중요하다고 강조한다. 그래서 작은 제품에 하나하나 살아 있는 이야기와 디테일한 완성도를 유지하는 데 많은 노력을 기울인다.

신 대표 남매는 작업 물량을 할머니의 집으로 직접 전해드리기도 한다. 작업재료를 배달 간 김에 필요한 부분은 없는지 할머니 집을 한번 훑어보고, 도움을 드리는 것도 중요한 일과 중 하나다. 당연히 한곳에 모여서 작업을 하는 게 효율성이 훨씬 높지만, 이런 과정을 통해 할머니의 일상 생활환경을 돌볼 수 있다는 큰 의미가 있는 일이기에 재택과 작업실에 모여서 작업하는 시스템을 병행하고 있다. 마르코로호 브랜드 미션을 다시 한번 느낄 수 있는 대목이다.

신봉국 대표는 소년처럼 해맑다. 어릴 적 할머님 댁에서 사랑을 듬뿍 받고 자란 어린 손자가 드라마의 '20년 후'라는 자막 뒤 그 모습 그대로 잘 자라버린 것 같다. 그 어린 손자는 '엉덩이 톡톡' 두

드려주시던 세상 든든한 사랑을 받았고, 잘 자라나 이제는 그 사랑을 더 크게 돌려주고자 하는 브랜드를 이끌어간다.

신 대표 얼굴에는 와트만지에 그려진 수채화처럼 따뜻한 질감의 파스텔톤 미소가 번져 있었다.

○
삶의 색채로 단디 매듭지어진
다채로운 이야기와 제품들

마르코로호에서는 할머니들을 '매듭지은이'라고 부른다. 제품을 구매하면 제품마다 매듭을 지은 할머니 이름이 적힌 증서가 할머니 손글씨와 함께 보내진다. 할머니들이 직접 제작하는 소품들은 '할머니스러움'을 그대로 담고 있어서 오히려 더 힙하다는 반응을 얻고 있다.

마르코로호의 브랜드 아이덴티티는 '예쁜 촌스러움'이다. 할머니들의 순수함과 수줍음이 그대로 브랜드를 채운다.

디자인도, 이름도 할머니들의 단어로 할머니의 감성, 기억에 있는 장소나 상황 등을 반영하고 있다. 매듭반지는 '올랑이 반지', '오솔길 반지', '나뭇잎 반지' 등의 이름을 가지고 있고, 앙증맞고

예쁜 귀고리의 이름은 '롤러장', '빵집'이다. 디자인과 컬러마다 모두 소소하고 따뜻한 이야기가 녹아 있다.

마르코로호는 창업 초기에는 왁스 코팅된 남미실로 만들어져 빳빳하고 튼튼한 팔찌가 주력 아이템이었다. 그러나 할머니들이 팔찌 제작 과정에 어려움을 느끼는 경우가 있어 제작이 조금 더 용이한 반지 상품을 출시하게 되었다. 이후 반지 매출은 팔찌 매출을 앞지르게 되었고, 그중 '나뭇잎 반지'는 마르코로호의 대표 상품이 되었다.

마르코로호에서는 반지, 팔찌, 마스크 걸이부터 가방, 파우치, 문구, 뜨개 소품까지 다양한 생활 소품을 판매하고 있다. 할머니들이 제작 가능한 수공예품 분야를 계속 확장할 계획을 가지고 있다. 봉제 제품 등 다양한 신상품 출시를 앞두고 있다는 신 대표는 "어제보다 오늘, 행복한 할머니가 더 많아지실 수 있도록 꾸준히 노력하겠다"며 제품라인 확장의 이유를 밝힌다.

마르코로호의 비즈니스 모델은 단순히 소비자가 어려운 할머니들을 돕는다는 일방향의 사회적 배려가 아니다. 소비하고 소통하는 과정에서 즐거움과 따뜻한 위로를 주고받는다.

최근 출시된 우리 손주의 바람이 모두 이루어지길 기원하며 제작된 '땡잡았네 행운부적', '변비쾌변부적' 등 할머니의 행운 부적

키링 시리즈는 MZ세대들의 일상에 할머니들의 인생 지혜를 유머러스하게 담아 웃음과 위로를 선사한다.

작은 소품들이 할머니에게 직업과 행복을 선물하고 더 나아가 아름답고 튼튼하게 우리 모두를 서로 신뢰하고 의지하는 관계로 단디 매듭지어준다.

ⓒ 마르코로호

하나의 제품이 완성되고 그것이 유통되는 과정에서 진정성과 이야기가 담기면 브랜드는 하나의 서사가 된다. 그 서사가 누군가의 삶에 온기를 불어넣고 한 자락의 웃음이 되면 그 브랜드는 영혼을 가지게 된다.

이미 그 브랜드는 혼자만의 것이 아니므로 브랜드가 소멸되거나 변질되지 않도록 지켜내는 책임이 따르게 된다. 그것을 함께 지켜나가는 과정에서 할머니는 아이처럼 함박웃음을 짓고, 우리는 어른이 된다. 각자의 우리는 '우리들'로 매듭지어진다.

○
모두 모두 닮은 꼴,
마르코로호

마르코로호의 할머니들은 즐겁다. 잠시 일터를 떠났다가도 친구가 보고 싶어 다시 돌아오기도 한다. 돈 버는 것도 좋지만, 마음 맞는 친구들을 만나 영화도 보고 케이크도 만들고 그렇게 활기찬 일상을 보낼 수 있어서 더 행복하다고 한다. 꽃꽂이도 배우고 어느 날은 사진 모델이 되기도 한다. 손이 빠르고 솜씨가 있는 할머니는 동네에서 소문이 날 만큼 꽤 많은 부수입을 올려서 부러움을 사기도 한다.

마르코로호는 할머니들의 생계에 도움 되는 경제활동 자체뿐만 아니라 자신들의 작업물이 사람들에게 사랑받는다는 기쁨과 타인을 돕는다는 자긍심까지, 좀 더 깊고 충만한 행복감을 할머니들에게 선물한다. 노년의 공허함을 마르코로호의 할머니들에게서는 찾아볼 수 없다.

일거리와 친구가 있는 노년, 할머니의 행복한 일상을 지원하는 마르코로호는 거창하지 않지만 사회적 기업이 주는 효익의 정수를 보여주고 있다. 할머니들은 누군가에게 동정심으로 기부받는 것이 아니라 스스로 경제적 가치를 창출하고 타인을 위로하고, 도움을 준다. 이러한 선순환은 할머니의 일상을 의미 있고 보람차게 만든다. 사회적 존재로서의 자존감은 누구라도 자신감 있고 아름답게 만든다. 그래서 매듭지은이 할머니들은 지혜롭고 아름답다.

할머니들에게는 깨알 같은 각자의 개성이 있다. 각자의 색깔과 이야기가 있다. 함께 작업을 하는 작업장은 언제나 웃음과 즐거운 이야기가 흐른다. 마르코로호는 세상 속에 할머니들의 이야기를 전하고 더 많은 소통을 하기 위해 뉴스레터인 〈할모니레터〉와 유튜브 〈할머니라디오〉를 진행하고 있다. 인스타와 블로그를 통해 할머니와의 인터뷰도 진행하고 있다. 마르코로호의 제품의 다양한 색채만큼 따뜻하고 다채로운 이야기를 전달하기 위해 많은 노력을 기울이고 있다.

마르코로호의 힘이 되어주는 충성도 높은 구매자들은 할머니

ⓒ 마르코로호

덕후들이다. 마르코로호의 주객인 MZ세대는 전체 구매자의 85%가 넘는다. 마르코로호는 글로벌 전자상거래 플랫폼 카페24의 '인스타그램 숍스' 연동 기능을 활용해 초기의 소비자를 유입하는 전략을 활용하고 있다. 우연히 유입된 소비자들은 마르코로호의 이야기를 접하고 자연스럽게 소비자가 되고 스며들듯이 충성고객이 된다. 어려운 시기에도 꾸준한 성장세를 유지하고 있음은 젊은 세대 소비자들이 마르코로호의 브랜드 철학에 공감함을 증명해준다.

박보검, 정해인, 아이유 등의 유명 연예인이 마르코로호 제품 착용도 브랜드 인지도에 많은 영향을 주었는데, 이는 브랜드에도 도움 되었지만 연예인들의 이미지 또한 더 따뜻해지는 윈윈 효과를 불러왔다.

충성고객 사이에서는 '말코스럽다'는 표현을 종종 들을 수 있다.
'소소하지만 포용력 있고, 절제되었지만 다채롭고, 무심한 듯하지만 따뜻한.'
이런 브랜드가 바로 마르코로호다. 브랜드도, 대표도, 제품을 만드는 매듭지은이 할머니들도, 덕후 소비자들도 모두 닮아 있다. 모두 말코스럽다.

핸드픽트 호텔

안국동 93번지, ⓒ 카페 수달

○
종로구 안국동 93번지

회귀본능. 연어처럼 내가 자란 곳으로 돌아왔다. 바다처럼 먼 곳도 아닌데 참 오래도 걸렸다. 안국동 93번지. 이곳은 내가 초등학교 때부터 20대 늦깎이 대학생 때까지 살던 집이다. 정확히는 길 건너 인사동에서 골동품 가게를 하시던 할아버지 댁이었다.

안국동을 떠난 후 줄곧 다시 와보고 싶었지만, 처음엔 가정집이다가 몇 년 전부터 게스트하우스가 되었다. 게스트하우스도 마음먹으면 와볼 수 있는 공간이었지만, 기회가 닿지 않아 버킷리스트에만 넣어두고 있었다. 그런데 이번에 핸드픽트 호텔을 소개하는 글을 쓰다 불현듯 생각이 나 검색해보니 카페가 되었단다. 카페라니! 이젠 눈치 보지 않고 그곳으로 돌아갈 수 있다.

예상했던 것보다 글 쓰는 것이 한참 지연되어 마음이 부산한 나에게 아직 완성도 되지 않은 원고가 주는 큰 선물이었다. 주말을 목 빠지게 기다리다 토요일이 되자마자 지하철 3호선 주황색 강줄기에 몸을 던졌다.

"63번 손님, 커피 나왔습니다."

학창 시절, 시험공부를 하며 마시던 믹스 커피 대신 오늘은 카페에서 63번 손님이 되어 하트 그려진 라테를 마신다. 하얀 우유 거품이 분화구를 만들며 호들갑을 떤다, 왜 이제 왔냐고. 커피를 한 모금 들이켜고 고개를 쳐드니 대청마루에 누워서 매일 보던 익숙한 서까래와 대들보가 눈에 걸린다.

안녕? 오랜만이야. 분명 아는 얼굴인데 핼쑥하다. 어른이 돼서 보면 초등학교 운동장이 작아 보이는 것과 같은 현상일까. 듬직했던 서까래가 기억보다 야위어 있었다. 언니와 함께 쓰던, 한 평 반 남짓한 방이었던 딱 그 자리에 앉아 핸드픽트 호텔 이야기를 써 내려간다.

안국역 1번 출구 옆, 윤보선 씨 댁으로 향하는 골목 초입의 작은 한옥. 나는 그곳에 살았다. 한옥 보존 지역으로 묶여 집을 수리하기가 까다로웠던 지역이다. 포토샵으로 복사 붙여넣기를 한 듯 비슷한 모습과 크기의 한옥들이 줄을 이어 서 있었다. 모두 고만고만한 크기라 상대적으로 아흔아홉 칸 윤보선 씨 댁은 더 대궐 같았다.

안국역 출구를 나와 대로변에서 집까지 가는 골목은 100미터도 채 안 되었지만 좁고 길어서 밤에는 늘 뛰었던 기억이 있다. 우리 집으로 꺾이는 골목을 지나 정독도서관 쪽으로 조금 더 올라가면 덕성여고 담을 끼고 가로로 질러 나 있는, 폭이 1미터 정도의 아주 좁은 골목이 있다.

그 사잇길 골목을 교복 치마를 짧고 타이트하게 줄여 입은 일명 '칠공주 언니'들이 점령하고 있다는 소문이 자자했다. 그래서 눈길도 안 주고 사시처럼 눈동자를 모으고 엉덩이를 뒤로 뺀 채 냅다 경보를 했다. 지금 생각하면 우습기도 하지만, '중딩' 시절 나는 '쎈언니'들에게 험한 꼴이라도 당할까 싶어 늘 조심스러웠다. 어린 시절, 이 아름답고 고즈넉한 골목을 그저 귀가를 위한 통로로만 여겼고, 늘 쫓기듯 다녔던 것이 안타깝다.

30년 전 이사 후 이번이 세 번째 방문이다. 평균 10년에 한 번 정도 이곳을 지나쳤나 보다. 몇 년 전 마지막으로 와보았을 때보다 더 세련된 인스타 감성의 카페들이 많아졌다. 특히 지하철 출구를 나와 바로 골목 코너에 있는 베이커리는 순식간에 유럽에 와 있는 착각을 불러일으킬 정도로 이국적이다.

핫플레이스임을 증명하듯 꼬불꼬불 긴 줄을 만든 젊은이들이 셀카를 찍느라 분주하다. 그래도 북촌 끝자락임을 말해주는 작은 갤러리와 꽃집, 도자 공예품 가게 등으로 소박했던 예전 느낌을 살짝 엿볼 수 있어서 감사하다. 관광객 모드로 두리번거리며 어린 시절 나의 집에 입성한다.

골목 진입 직후 보이는 관광객에게 빌려주는 화려한 개량 한복집은 몇 해 전부터 여전히 그곳에 있고, 계속 흥하고 있는 듯하다. 레이스와 반짝이로 장식된 개량 한복 대여도 누군가의 생업일 터인데 보수적인 동네 이장님처럼 괜스레 마음이 별로다.

어릴 적 살던 집, 그곳에 앉아 마시는 커피만으로도 이렇게 마음이 요동을 치는데, 자신이 살던 집터에 호텔을 짓고 운영하는 핸드픽트 호텔 김성호 대표는 어떤 마음일까. 자신의 집이었던 일터로 매일 출근하며 그는 무슨 생각을 할까. 김 대표에게 고향이란 그리고 지역주민이란 어떤 의미일까.

글의 소재는 호텔이지만 결국 또 사람에 대한 이야기를 하게 될 것 같다. 호텔의 본질인 휴식과 머무름에 대한 조금 다른 각도의 생각을 나누고자 한다. 매 장마다 설레면서 쓰는 원고이지만, 이번 이야기는 누군가의 삶을 시계열로 들여다보는 것 같아 휴먼 다큐멘터리를 접하는 기분이다. 더 멀끔하고, 더 따뜻한 시선으로 조망하고 싶다.

○
스며드는 공간 위에
다시 쓰는 휴식의 의미

ⓒ 핸드픽트 호텔

핸드픽트 호텔 김성호 대표는 말한다.
"호텔은 진짜 생활문화를 향유하기 위한 플랫폼이어야 한다."
위치와 객실 수로 등급을 나누는 호텔 분류 관습에 정식으로 도전장을 내민 그는 호텔주이기보다 벤처사업가로 불린다.

43개 객실을 가진 상도동의 동네호텔 핸드픽트는 오픈 당시, 관광공사로부터 특 2급으로 당당히 인정받았다. 성장 가능성과 유니크한 콘텐츠의 가치를 인정받은 것이다. 현재는 호텔 등급 체계가 무궁화에서 스타로 바뀌면서 '3성급' 호텔로 변경되었다.

김 대표는 3대째 상도동에 사는 토박이다. 호텔이 들어선 곳은 김 대표의 할아버지가 운영하시던 주유소 자리다. 그는 이 자리에서 나고 자랐다. 처음에 이 사업구상을 그의 어머니에게 얘기했을 때 걱정과 반대의 소리를 들어야 했다. 어머니뿐만 아니라 주변인 모두가 그랬다. 기존의 호텔 개념과는 너무 다른 생소한 계획을 얘기했기 때문이다.

김 대표는 핸드픽트 호텔 기획 당시 2012년 황량한 폐공장 지대에 들어선 뉴욕 브루클린의 위스^{Wythe} 호텔을 벤치마킹했다. 지역과 어울리면서 젊은 예술가들의 개성 있는 작품세계와 지역민과의 상생을 담아낼 호텔을 만들고자 했다. 즉, 동네 분위기를 해치지 않으면서 투숙객뿐 아니라 이웃 주민에게 편익을 줄 '로컬 커뮤니티 호텔'을 구상한 것이다.

숨 쉬는 것만으로도 피곤한 이 시대, 누구나 휴식을 갈구한다. 시대마다, 세대마다 휴식의 방법도 조금씩 다르다. 휴식을 취하기 위해 휴가를 다녀오지만, 그로부터 또 다른 피로감이 몰려온다. 낯선 환경의 새로움과 웅장하고 쾌적하기 그지없는 숙소도 때로는 피로감을 주는 요소일 때도 있다.

김 대표는 호텔 로비의 거창함이 고객에게 위화감을 주어서 컴플레인을 줄이는 역할을 한다고 말한다. 바로 공감할 수는 없어도 출장 때 유명 호텔에 묵었을 때를 회상해보면 이해가 간다. 유명 럭셔리 호텔은 일반적으로 좋은 서비스를 제공하지만, 간혹 불편함을 로비로 달려가 얘기할 때 알 수 없는 긴장감을 느낀다. 커다란 로비가 우아하지만 견고한 방어 태세를 갖추고 나의 요청에 응대한다.

김 대표는 호텔이 주는 위압감을 제거하고, 휴식과 충전의 목적에 충실할 수 있는 공간을 기획했다. 로비를 9층으로 옮기고 호텔에 들어서자마자 보이는 1층과 지하를 호텔 이용객이 아니어도 이용할 수 있도록 개방형으로 설계한 이유다.

호텔 건축설계는 홍익대 건축학과 교수이자 '로 디자인'의 대표인 김동진 건축가가 맡았다. 가장 큰 미션은 돋보이는 호텔이 아니라 호텔의 부각을 '희석'하는 것이었다. 이 프로젝트에 부여한 명칭은 프랑스어로 '은폐', '위장'이라는 뜻의 '카무플라주camouflage'다. 주변에 위압감과 위화감을 주지 않고 지역 공동체에 자연스럽게 스며드는 것을 목표로 삼았기에 붙인 이름이었다.

외관에 주변의 붉은 벽돌 건물들과 같은 톤의 벽돌을 사용하고 그 안을 '구로 철판'이라고 불리는 구로공단에서 쓰는 공장용 철판 느낌의 검은 철판으로 외관을 처리했다. 호텔 뒤편 벽은 도색하지 않은 노출콘크리트를 사용했다. 외관의 마감 재료들로 최대한 주변과의 이질적인 느낌과 위화감을 최소화하면서 동시에 근대건축의 느낌을 주고자 했다.

건축주인 김성호 대표의 철학을 잘 반영한, 주변 공간을 존중하는 겸손한 호텔 빌딩이 탄생했다. 완공된 호텔을 보고 누군가는 "새 호텔이 오래된 건물처럼 생겼다. 호텔이 뭐 이러냐?"라고 핀잔을 주었다. 미션 성공!

창의력이란 새롭지 않은 것에서 새로움을 찾아내는 것이다. 익숙한 공간에서의 새로운 경험, 이것은 가장 밀도 있는 휴식일 수 있다. 익숙한 공간을 낯선 뷰로 바라보는 것. 일상생활에서 조금 떨어져서 일상을 바라보는 것. 자기만의 특별한 색을 가지고 있지만, 그것이 옳다고 강요하지 않는 공간.

외지인과 주민이 자연스럽게 섞이고 저마다의 삶을 다시 장전하는 시간을 담는 그릇, 표백되지 않은 갱지 같은 동네호텔 핸드픽트에서 휴식의 의미를 다시 쓴다.

○
삶의 맥락이 교차하는 로컬 커뮤니티,
핸드픽트 호텔

가리려고 하면 약점이고 드러내면 매력이 되는 것들이 세상에는 많다. 이 차이는 존재하는 사실에 있는 것이 아니고 스스로에 대한 인식에서 비롯된다. 김 대표는 핸드픽트 호텔에 15년간의 컨설팅 경험을 그의 방식으로 녹여 넣었다. 기존의 성공 방식을 따르는 것이 아니라 본인의 컨설팅 고객이던 최고급 호텔이 절대 하지 않을 것들을 실행해보기로 했다.

유니크한 취향을 반영한 호텔을 세우기로 결정하고 세부적인 기획을 실행했다. 1950년대에서 2000년대까지의 한국의 시대별 건축양식이 파노라마처럼 펼쳐지는 풍광을 있는 그대로 투숙객이 즐길 수 있도록 하는 것이 계획 중 가장 중요한 핵심 요소였다. 그 외에도 새로운 호텔에 대한 독창적인 기획들은 그가 나고 자란 상도동 지역과 주민들과의 애정을 바탕으로 그려졌다.

노출콘크리트로 마감된 호텔 외벽에는 미국 뉴욕 현대미술관에 작품이 영구 전시된 세계적 벽화 예술가 트리스탄 이턴의 '영원한 평화'라는 제목의 벽화가 그려져 있다.

이턴은 2017년 전 세계 길거리 예술가들이 모여 다양한 예술 작품을 선보이는 축제인 '파우와우' 행사에 참여하고자 방한했다. 한국에서 열리는 축제에 간다고 가족들에게 말했더니 그 위험한 나라에 왜 가냐며 말렸다고 한다.

북한과의 긴장 상태에 있는 한국에 평화의 메시지를 전하고 싶었고, 동시에 예술가에게 이만한 크기의 캔버스에 벽화 그림을 그릴 수 있는 것은 큰 행운이라며 가치 있는 메시지를 담고 싶었다. 그래서 그는 이 벽화를 한반도에 평화가 찾아오기를 바라는 마음으로 그렸다고 한다.

벽화는 호텔 외벽을 꽉 채우는 가로 10미터, 높이 50미터 크기이며 착한 용과 나쁜 용, 착한 토끼와 나쁜 토끼를 통해 선악의 대립이 표현되어 있다.

핸드픽트 호텔 지하층 공간 구성에는 호텔의 철학이 그대로 반영되어 있다. 지역주민들이 호텔에 투숙하지 않고도 마음 편하게 머물 수 있는 개방형 공간이다. 신진 아티스트의 작품을 언제든지 접할 수 있고, 사회적 기업 제품들을 판매하는 아트숍 그리고 꽃집과 도서관도 있다. 아이와 마음 놓고 시간을 보낼 수 있는 키즈존은 동네 아기 엄마들의 최애 만남의 장소이다.

1층에서 키즈존으로 이어지는 계단 외벽의 '코리안 타이거 배드 보이'는 한국 전통 동물 호랑이가 피자를 먹고 있는 그래피티

호텔 전경, ⓒ 핸드픽트 호텔

작품이다. 이 또한 공간에 독특한 개성을 불어 넣는다. 지하층의 다채롭고 배려 깊은 공간은 쉴 수 있는 편안함과 새로움을 만나는 설렘이 공존하는 공간 미션을 제대로 수행하고 있다. 1층 엘리베이터 옆 벽면에 걸려 있는 헌팅트로피는 플라스틱 의자 조각을 재활용해 만든 김우진 작가의 작품이다. 플라스틱 때문에 멸종위기에 몰린 동물을 형상화한 작품이다.

객실에는 큰 옷장 대신 모듈 행거가 설치되어 있으며, 꼭 필요한 것들만 갖추어져 있다. 하지만 직접 몸에 닿는 헤븐리 베드, 자체 제작 고품질의 타올과 가운 등 퀄리티의 고집을 양보하지 않는다. 발달장애우들이 만드는 친환경, 무자극 어메니티 '동구밭'은 투숙 고객의 반응이 좋아 아트숍에서도 판매되고 있다. 좌식생활을 선호하는 고객을 위한 객실도 있다. 창문 너머의 정겨운 풍경은 그대로 공간에 스며들어 인테리어 요소가 된다.

로비 층에 위치한 레스토랑 나루는 상견례나 중요한 미팅을 위해 찾는 사람이 많다. 전통 한식을 현대적으로 해석한 요리를 맛볼 수 있어서 외국인들도 내국인 젊은 투숙객들도 좋아한다. 특급 호텔도 운영이 힘들다는 한식으로 제공되는 가정식 조식에도 핸드픽트 호텔의 정겨움이 묻어나온다. 식자재는 가까운 노량진 수산시장에서 공수하거나 거의 지역에서 조달하고 있다. 호텔 옥상에서는 여의도 고층빌딩과 관악산이 보인다. 야외 결혼식장이나 소규모 콘서트 등 야외에서 할 수 있는 이벤트가 열리기도 한다.

서울 가드닝 클럽과 공유정원 프로젝트를 장기간 운영하여 도심 속 초록 호텔 이미지를 구축했다. 핸드픽트 호텔 옥상에는 개관 당시부터 함께 살고 있는 꿀벌들이 있다. 도시 양봉의 달달한 이벤트들도 인기 있는 콘텐츠다. 꿀 수확 행사인 어린이 꿀벌 체험 교실, 도시 양봉가 양성 과정 등 체험할 수 있는 콘텐츠가 많아 인기를 누리고 있는데, 수확된 꿀은 호텔 내 식음료에 사용되기도 한다.

그 외에도 지역주민들이 함께할 수 있는 부대 시설과 다양한 이벤트들을 통해 생활 속에서 소통하며 문화공간으로 자리매김하고 있다. 공존하며 스며드는 구도시의 동네 콘텐츠가 외국인뿐만 아니라 내국인 여행자들에게도 좋은 추억과 색다른 경험을 선사하고 있다.

주변에 위화감을 주지 않으면서 지역과 함께 성장하고자 한 김성호 대표의 바람은 수치의 갱신으로 증명되고 있다. 개관 1년이 채 되지 않아 지역주민 고객이 매출의 50%에 육박했고, 재방문율은 지금도 지속적으로 증가하고 있다.

더 의미 있는 일은 호텔 오픈 뒤 상도동에 7~8천 명의 외국인이 방문하여 핸드픽트 호텔이 상도동의 관광자원 역할을 해주고 있음을 증명한다는 사실이다. 변화와 발전이 느린 오래된 도시의 지역경제에 활력을 주고 있어서 다른 구도시에서도 벤치마킹할 만한 지역 활성화 방안이다.

핸드픽트 호텔은 과거의 시간을 부끄러워하지 않고 미래의 시간을 두려워하지 않겠다는 의지를 공간으로 전달한다. 옛것과 새것, 겸손함과 당당함이 함께 녹아 있는 공간에 오늘도 저마다의 삶의 맥락이 교차한다. 진솔한 삶의 모습들이 만나 서로를 인정하고 격려한다.

○
세계 100대
호텔로 선정된 동네호텔

호텔에서 본 동네 전경, ⓒ 핸드픽트 호텔

 2018년, 핸드픽트 호텔은 영국의 라이프스타일 전문지 모노클MONOCLE이 발간한 〈호텔 가이드북〉에서 한국 호텔로는 유일하게 전 세계 100대 호텔로 선정되었다. 핸드픽트 호텔이 받은 '정직하고 매력적이며 흥미로운 호텔'이라는 평가는 김성호 대표가 추구하는 철학과 정확히 부합하기에 더 큰 의미가 있다.

'좋은 호텔'의 개념이 바뀌고 있다. 호텔의 규모와 시설뿐 아니라 호텔의 위치, 주변 공간과 조화 그리고 지역사회에 대한 공헌 등도 호텔 평판의 요소가 되고 있다고 김 대표는 말한다.

핸드픽트 호텔은 로컬 커뮤니티를 위한 공간 구성과 참여 콘텐츠 제공뿐만 아니라 지역 상생을 위한 직접적인 실천도 하고 있다. 레스토랑의 수익금의 3%를 반경 5킬로미터 내 결식아동과 노숙자 식사를 위해 지원하고, 연회장 수익의 3%를 저소득층 결혼식이나 돌잔치 무료 진행 그리고 호텔 전체 수익의 3%는 노후주택 보수와 골목길 정비에 사용한다.

호텔의 외관이나 시설도 핸드픽트 호텔의 정체성을 말해주고 있지만, 호텔을 이용하는 고객은 더 중요한 아이덴티티 요소가 되었다. 노후된 집을 수리하는 중 2~3주 호텔에서 묵는 고객, 손주 육아로 힘든 한 주를 보내고 평온한 주말을 즐기는 고객, 평범한 일상에서 나와 새로운 사업을 구상하는 고객 등 생각지 못한 지역주민의 수요가 있었다. 그리고 이들의 재방문은 호텔의 소중한 수입원이 되어준다.

현실적으로 감당하기 어려운 비용과 시간을 지불하지 않고 살짝 일상의 문 바깥에서 나만의 공간을 가질 수 있다는 것은 엄청난 행운이다. 사람과의 관계도 이렇듯 새로우면서 부담스럽지 않다면 오래갈 수밖에 없다. 그런 관점에서 지역 고객들의 재방문은 당연한 결과다. 숙박하는 내국인 젊은 층 고객 중에는 혼자의 시간을 보내기 위한 도시 여행자가 많다.

외국인 고객들도 개인 여행자가 대부분이고, 한국의 문화와 실생활에 관심이 많은 이들이다. 물론 외국인들이 선호하는 강남, 여의도, 광화문 등의 중간지점이라는 것도 한몫한다. 그러고 보니 '어중간'과 '중간'은 말 그대로 한 끗 차이이다. 예전엔 머물러야 할 이유가 없고 위치가 '어중간'하다고 외면당했던 상도동이 핸드픽트 호텔 고객 댓글에서는 특색 있고 위치가 '중간' 지점인 것이 가장 큰 장점이라 한다. 생각해봐야 할 '한 끗'이다.

핸드픽트 호텔을 방문했던 외국 관광객들이 가장 만족하는 부분은 개발된 도시에서는 볼 수 없는 한국적인 풍경이라고 한다. 건축세미나에 참석했던 독일 건축가들은 '한국에서 본 풍광 중 최고'라는 찬사를 아끼지 않았다.

핸드픽트 호텔의 외국인을 위한 서비스 중에는 비행기 시간이 남아 있을 때 할 만한 동네 투어 프로그램이 있다. 홈페이지에도 상도로 골목 투어가 소개되어 있다. 놀거리, 볼거리, 먹을거리, 마실 거리를 해결할 수 있는 재미나고 정겨운 장소가 많다.

그중 '공집합'은 입구의 네온사인 로고 '{ }'와 카피가 눈에 띄는 동네 커뮤니티 바이다. 블랭크 건축사 사무소가 기획한 동네 사람들이 소통하며 공동 운영하는 바이다. 동네 주민이 한 달에 한 번 신청하여 호스트가 될 수 있다.

'호스트 나이트' 주제를 정해 그에 맞는 음식과 주류를 준비해 세 시간 동안 바를 운영한다. 책, 영화, 여행, 전통주 등 다양한 관심사를 나누고 이웃과 자연스럽게 가까워질 수 있어 인기가 좋다. 최근 후암동에 2호점을 오픈했다. 평소에는 일반 바로 운영되는데, 하이볼 11종과 와인, 수제 맥주 등과 간단한 안주가 준비되어 있는 분위기 좋은 작은 바이다.

상도동의 소소한 상점 중 지면 사정상 공집합만 소개했는데 이처럼 스토리와 위트 그리고 따스함이 담긴 곳들이 곳곳에 자리 잡고 있다. 무언가를 하기에 시간이 애매한 어느 날, 지하철을 7호선을 타고 (어)중간한 상도동을 한번 돌아보는 것도 좋은 여행이 될 듯싶다.

인생은 마술이다. 보고자 하는 사람에게만 보이고 듣고자 하는 사람에게만 들리는 아름다움이 있다.

관광하는 것과 그 안에서 실제 생활을 하는 것은 근본적으로 다르다. 일상의 공간에는 생활의 상처와 고단함이 배어 있게 마련이다. 하지만 그 고단함 때문에 내가 속한 환경과 나의 현재 모습을 다 외면한다면 중요한 것을 잃고 만다.

ⓒ 핸드픽트 호텔

오늘의 고단함과 가끔 찾아오는 작은 행복의 입자가 하나둘 모이면 하나의 무늬를 만들어낸다. 조금만 떨어져 보면 더없이 아름다운 풍광일 수 있다. 지구에 사는 우리가 모두 상도동 주민이라면, 마음속에 핸드픽트 호텔 같은 장소를 하나씩 만들면 좋겠다. 조금 멀고 조금 높은 곳에서 가끔 삶을 조망하면 거기에 주인인 우리에게 발견되길 기다리는 아름다움이 있을 것이다.

초등학교 6학년 때 아버지가 쓰러지셔서 갑자기 부모님에게서 뚝 떨어져 나와 조부모님 댁으로 가게 되었다. 아버지의 병환보다 한옥 화장실의 불편함에 나는 불행했다. 엄마가 예쁘게 접어 넣어준 체크무늬 냅킨과 미제 미키마우스 보온병. 그 안의 따뜻한 코코아 대신 할머니가 싸주신 거버 이유식 병 안의 깍두기와 도시락 뚜껑에 눌려 터져버린 달걀프라이로 얼룩진 도시락 보자기 그리고 그 보자기에 함께 젖어버린 교과서가 내 사춘기를 얼룩지게 했다.

나의 철없는 마음이 그 아름다운 골목을 통째로 상실케 했다. 늦게 귀가하던 날이면 골목 어귀까지 나와 기다려주시던 할머니의 작고 동그란 그림자는 나이가 들수록 더 선명하게 기억된다.

어떻게 살든 우리의 현실은 미래와 연결되어 있다. 자신이 가지고 있는 가치를 직시하고 증폭시킬 수 있는 그 '한 곳'을 찾아내자. 마음속 핸드픽트 호텔에서.

⑩ 감자아일랜드

© 백지희

○
경의선 철도길,
아침 7시 30분

　아침 7시 30분, 출근 중. 경의선 숲길을 빠른 걸음으로 걷고 있다. '경의선 철도길'이라고도 불리는 이 길은 예전에 철도가 지나던 길을 숲길로 조성한 길이다. 클라이언트 미팅이 없어서 복장을 신경 안 써도 되는 날은 가벼운 차림으로 공덕역에서 경의선 숲길을 따라 걷는다. 홍대를 거쳐 합정역 부근 회사까지 걸어서 출근한다.

　총 여정의 4.5킬로미터 중 5분의 2쯤 되는 지점 조그마한 사거리. 좌, 우측 사잇길로 작은 한옥과 가게들이 보이는 지점에 늘 두 대의 트럭이 서 있다. 감자, 양파 등의 채소를 트럭에 한가득 싣고 있다. 한동안 생선을 파는 트럭이 있었는데 요즘은 채소를 파는 가족이 장사를 하신다.

　작은 길을 사이에 두고 또 다른 트럭에서는 추억의 '센베이' 과자를 판다. 이 아침에 누가 센베이 과자를 사 가는지는 모르겠지만 암튼 두 대의 트럭은 3미터 남짓 간격으로 트럭 꽁무니를 마주하고 느슨한 긴장감을 조성한다. 감자와 양파 그리고 센베이 과자를 산더미처럼 쌓아놓고는 장터의 한 장면을 떼어 옮겨놓은 듯이 아침 공기를 부산스럽게 만든다.

오늘따라 감자가 너무나 튼실해 보인다. 쌀쌀해진 아침 바람을 맞으니 푹 끓인 감잣국에 밥 한 숟가락 말아먹으면 좋겠다는 생각이 절로 든다. 맛있어 보인다. 게다가 싸다. 살까? 하지만 지금은 출근 중. 이 길은 일단 들어서면 택시 타기도 어렵다. 아무리 캐주얼한 옷차림에 운동화를 신고 있지만, 백팩에 감자를 담아 둘러매고 3킬로미터쯤 걸어야 한다는 건 엄두가 나지 않는다.

새벽부터 산지에서 달려와 장을 펼치는 모습을 보며 한 번은 꼭 사야겠다는 생각을 봄부터 했는데, 벌써 바람이 쌀쌀해져 내외 분 다 얇은 패딩을 입으셨다. 미련의 눈초리를 거두고 고개를 돌리다 우연히 센베이 과자 트럭 사장님과 눈이 마주쳤다.

이미 강림한 쇼핑 본능을 추스르지 못하고 꿩 대신 닭은 아니지만 사고 싶었던 감자 대신 센베이 과자를 백팩에 들어갈 만큼 가득 담았다. 다시 아무 일 없었다는 듯 회사를 향해 걷는다. '다음엔 핸드카트라도 가지고 와 싱싱한 채소를 꼭 사야지'라고 생각하며······.

흙 묻은 채소들을 보면 어떻게든 소비하고 싶은 본능 같은 것이 마음에 치솟는다. 특히 할머님들이 쭈그리고 앉아 파시는 나물과 채소는 지나치기가 힘들다. 그냥 돌아서고 나면 출근해서도 생각이 나서 점심으로 비슷한 메뉴를 먹곤 한다.

재래시장 좌판을 보면 늘 그렇듯 시내 한복판에 뚫린 산책로에서 만나는 채소 트럭도 그렇다. 여운이 남는다. 소중하게 키운 작물들이 잘 팔리고 그로 인해 모두 행복해졌으면 좋겠다. 잠시 후 아침 9시면 구청에서 단속이 나올 것이다. 8시 50분, 미니 장터는 사라지고 다시 고요한 숲길이 된다.

어느새 퇴근 시간이다. 오늘 아침에 사서 부서질까 조심스럽게 매고 온 '센베이 과자'가 우리 회사 MZ들에게 인기가 많다. 잘 먹어주니 흐뭇하다. 한 보따리 사 온 덕에 온종일 주전부리를 입에 달고 살았더니 마음은 부유한데 입이 텁텁하다.

퇴근길에 맥주 한잔해야겠다. 아, 감자아일랜드가 운영하던 신촌 노우즈가 아직 있었다면 거길 갔을 텐데……. 지난번에 갔다가 허탕 친 기억이 난다.

'감자아일랜드'는 지역과의 상생을 위해 특산물로 맥주를 만들어 크래프트 비어의 새로운 패러다임을 제시하고 있는 스타트업이다.

혹시 퇴근 후 집에서 이 책을 보고 있다면 맥주 한 캔 마시며 일과 시간의 진지함을 걷어내는 것도 좋겠다. 무협지처럼 삐딱하게 앉아 ESG 책을 읽는다고 누가 뭐라 하겠는가. 유쾌함과 배부름도 누군가에게 도움을 줄 수 있다면 사회공헌이다.

○
강원도 하면 '감자', 독일 하면 '맥주'

감자아일랜드의 대표 제품 '감자 맥주'의 탄생 배경을 듣고 나면 그 누구도 토 달지 않는다. "어, 그래" 하고 수긍할 수밖에 없다. 너무 단순하고 명료해서 살짝 웃음까지 나오는 탄생 배경이다.

안홍준 대표와 김규현 대표는 같은 대학교에서 친한 선후배 사이다. 이들은 대학 시절 함께 '캡스톤 디자인'이라는 수업을 들었다. 캡스톤 디자인은 학생들의 창업을 돕기 위해 창의적인 아이디어를 개발하고 발전시키는 수업이다. 이 수업에서 함께 아이디어를 고민하다 농담처럼 "우린 강원대학교 학생이고, 독어독문학과니까 감자로 맥주를 만들어보면 어떨까?" 하다가, 진짜로 이 아이디어를 사업 모델로 발전시켰다.

출발은 거침없고 쏜살같았는데 정작 맥주에 대한 지식이 하나

감자아일랜드의 맥주들, ⓒ 감자아일랜드

도 없었다. 인터넷 검색을 하다 서울 잠실에 있는 맥주 공방에 전화해 감자로 맥주를 만들 수 있겠냐고 문의하니 "어렵겠지만 재미있을 것 같으니 나중에 한번 와보라"는 대답을 받았다. 한걸음에 서울로 달려와 '될 때까지'를 외치며 맥주 공방 사장님을 괴롭혔다.

우여곡절 끝에, 마침내 첫 번째 감자로 만든 맥주가 탄생했다. 스스로 신기하기도 하고 너무 기뻐서 주변인들에게 마구 자랑했다. 친구가 "지인 중에 맥주를 잘 아는 형이 있다"며 평가받을 수 있도록 허주용 헤드브루어를 소개해주었다.

서울을 오가며 처음 만든 감자 맥주로 '캡스톤디자인 경진대회'에서 인문대학 최초로 대상을 받았다. 그 경험과 주위의 긍정적인 반응에 가능성을 느껴 '진짜 창업'을 했다. 두 사람은 허주용 헤드브루어에게 온 마음을 다해 함께해달라고 부탁했고, 지금 허 헤드브루어는 감자아일랜드에서 없어서는 안 될 핵심 멤버가 되었다. 훗날 허 헤드브루어에게 첫 번째 감자 맥주 맛의 솔직한 평을 물어보니, "맛이 없어서 뱉고 싶었다"라고 했단다.

이렇게 출발한 감자아일랜드 팀은 대학 시절 캡스톤 경진 대회에서 대상을 받은 후 〈오픈트레이드 open trade〉에서 열린 '2020 학생 창업 유망팀 300' 모의 크라우드펀딩 경진대회에서 다시 1위를 수상했다. 현재는 춘천 우두동의 양조장과 온의동에 위치한 브루펍을 거점으로 대한민국 전역에 젊은 마케팅을 공격적으로 펼치고 있다.

창립 멤버 네 명 중 마지막 주인공인 김태준 연구원은 캡스톤 수업에서 처음 만났다. 기말 과제 때 "감자로 맥주를 만드는 아이템을 준비했습니다!" 하는 안 대표의 발표를 듣고 "강원대학교 감자연구소에서 근무한 경력이 있다"며 과제를 같이 해보고 싶다고 먼저 제안했다.

당시 안홍준 대표와 김규현 대표, 허주용 헤드브루어는 감자 맥주를 만드는 과정에서 감자 그 자체의 특성에 대한 지식이 부족해 어려움을 겪고 있을 때였다. 꼭 필요한 시기에 이루어진 김태준 연구원의 합류로 '감자아일랜드'는 완전체가 되어 감자 맥주 개발에 박차를 가했다. 이렇게 함께 개발한 감자 맥주 제조 방법과 맥주에 대한 특허에 네 명의 팀원이 공동 특허권자로 등재되어 있다.

감자아일랜드는 지역과의 상생을 브랜드 미션으로 삼고 있다. 그래서 강원도 농작물을 원료로 사용하고, 일부 맥주에 토종 효모를 적용하는 등 지역 기반의 비즈니스를 위해 계속 새로운 시도를 해나가고 있다.

사업은 시원한 맥주를 마시듯 단숨에 시작했으나 제품 개발 과정은 인고의 시간을 받아들이는 흙처럼 진중하다. 강원도 농작물을 모두가 좋아할 맥주로 재탄생시키기 위해 농부보다 더 진한 땀을 흘린다.

○
**'토종'이라 쓰고,
'힙'이라 읽는다**

'2020 학생창업유망팀 300'은 참여하는 학생들이 각자의 사업 아이템을 대회 기간을 통해 성장시키며 다양한 부속 대회를 진행하는 창업경진 대회였다. 전국에서 오랜 기간 준비한 다양한 인재들이 모이고 경쟁이 치열하여, 학생들의 기술력이라고 믿기 어려울 정도의 첨단 기술도 많이 소개되었다.

안 대표는 경진 대회에서의 우승을 '강원도 감자 맥주'라는 아이템의 호기심 유발 덕분이라고 말한다. '감자와 맥주 각각은 평범한 소재지만, 이 두 가지를 연결했을 때 어떤 제품이 나올 수 있을지 모두가 궁금해하며 특별한 아이템으로 느껴졌을 것'이라고 분석한다.

감자아일랜드의 감자 맥주에서는 감자 냄새가 나지 않는다. 특성을 살리지 못한 것이 아니라 감자 특유의 이취를 고려했을 때 술에는 맞지 않고 너무 호불호가 갈릴 수 있어 그 냄새를 잡고자 노력한 결과다. 감자 맥주 개발이 2년이 넘게 걸린 이유는 이취 말고도 감자에 대량 함유되어 있는 전분 때문이다. 감자의 전분 특성이 발효에 어려움을 주었다.

맥주의 알코올은 맥아(싹을 틔운 보리)에서 나온다. 맥아가 갖고 있는 전분이, 당분으로, 또 알코올로 바뀐다. 전분이 당분으로 바뀌고, 이 당분이 알코올로 바뀌는 과정이 발효이다. 그런데 맥주의 효모는 모든 당분에 동일하게 반응하는 것이 아니었고 감자 전분의 당화 발효율, 즉 알코올 발효율이 예상했던 것보다 훨씬 낮았다. 꼬리꼬리한 감자 특유의 냄새와 발효 문제를 해결하는 데 많은 시행착오와 긴 시간이 필요했다.

ⓒ 감자아일랜드

　감자아일랜드의 중심에는 '감자'가 있다. 사명 자체가 이들의 신념을 그대로 반영하고 있다. 이들은 감자에 진심이다. 감자를 제외해야 한다면 양조 자체의 의미가 흐려진다고 생각한다. 강원도의 대표 지역농산물인 감자가 해마다 많은 양이 버려지는 현실을 개선하기 위해 시작한 사업이기 때문이다. 강원도의 특산물을 사용하는 것이 사업의 핵심이고 그중 감자는 이들에게 끝을 봐야 할 지상 과제다.

감자 소재 맥주로 감자아일랜드의 첫 제품이 나왔고, 다양한 강원도 농산물로 만든 아이디어 제품이 계속해서 출시되어 그들의 섬은 나날이 더 풍성해지고 있다. 강원도 홍천의 옥수수를 넣은 옥수수 맥주, 영월의 팥과 사과를 넣은 팥 맥주와 사과 맥주 그리고 춘천의 복숭아를 넣은 복숭아 맥주 등도 인기를 얻고 있다.

여러 농산물을 재료로 맥주를 개발하는 일은 쉽지 않다. 각 재료의 특성들이 다 다르고 그에 따라 맥주 양조에 투입하는 시기가 다 다르기 때문이다. 감자와 옥수수는 당화 과정(전분을 당분으로 바꾸는 과정)에 넣고, 팥은 맥아즙을 끓일 때 그리고 사과와 복숭아는 발효가 끝나고 맥주를 숙성시킬 때 넣는다.

각기 다른 재료의 특성은 맥주를 만드는 과정에도 영향을 미치지만 동시에 마케팅 소구 포인트가 되기도 한다. 감자와 옥수수는 전분이 풍부하고 사과와 복숭아에는 당분이 많다. 그리고 팥은 고유의 향이 장점이다. 이와 같은 각각의 장점을 부각하여 제품 패키지도 만들고 캠페인도 진행한다.

지역특산물로 만들어진 맥주들은 다양하고 새로운 모습으로 태어났다. 정통 서부식 페일에일 스타일인 '포타페일에일', 뉴잉글랜드 IPA 느낌의 '쥬씨랜드IPA', 강원도 팥을 활용한 '단팥 STOUT', 소양강 복숭아를 활용한 사워에일 '말랑피치사워' 등이 있다.

감자 맥주 외에도 옥수수 맥주, 당근 맥주, 토마토 맥주가 캔으로 출시되었으며, 최근에는 닭갈비 시장을 겨냥한 '닭갈비어'가 병맥주로 생산되어 인기를 끌고 있다.

개발된 맥주 하나하나에는 강원도에서 어린 시절을 보낸 두 대표의 추억이 담겨 있다. '단팥 STOUT'는 어렸을 적 먹었던 '깐도리' 아이스크림에서 영감을 얻어 개발한 제품이다. 어릴 때 동네 구멍가게에서 할아버지가 사주셨던 단팥 아이스크림이 그리워서 만들게 된 쫀득한 바디감의 스타우트이다.

상큼한 복숭아 사워 에일인 '말랑피치사워'는 어린 시절에 복숭아 농장 체험학습의 기억을 소환한 맥주이다. 나무에 달린 덜 익은 복숭아를 '아삭' 씹었던 때, 너무나 시큼했던 그 기억이 잊히지 않았다. 춘천 소양강 복숭아에 그 짜릿했던 기억을 사워에일로 담았다. '말랑피치사워'는 소양강 복숭아 수확 철인 더운 여름철에만 맛볼 수 있는 계절 맥주다.

'닭갈비어'는 맥주의 재료 자체보다는 춘천의 명물 닭갈비와의 페어링을 고려해 레시피를 설계했다. 닭갈비의 자극적인 양념 맛을 부드러운 쾰시Kölsch로 감싸준다. 쾰시는 라거의 청량감과 에일의 향긋한 캐릭터를 지닌 독일 스타일의 맥주다.

앞으로도 감자아일랜드는 지역 기반의 특색 있는 맥주들을 매년 론칭할 계획이다. 자체 운영하는 브루펍에서는 시그니처 메뉴 '감자둥둥섬' 등 강원도 농산물 식자재로 만들어진 다양하고 재미있는 음식들을 함께 제공한다.

맥주도 특색 있고, 토종 농산물로 이루어진 모든 메뉴가 스토리와 디자인을 입어 힙하다. 처음엔 남성 고객 위주에 50대 이상의 성인이 많았던 브루펍이 요즘은 2~30대 여성 고객들이 더 많이 찾는 인스타 감성 펍이 되었다.

오늘도 두 대표는 소중한 농산물을 낳아준 강원도의 대지와 대화하며, 그들만의 섬을 일궈내고 있다. 자신들의 인생 터전인 강원도와 지역주민들과의 풍요로운 상생을 꿈꾼다.

○
세계를 넘보는
유쾌한 감자 반란군

전 세계 맥주 시장 어디를 둘러봐도 감자로 만든 맥주는 없다. 개발하기 어려웠거나 다른 이유로 사업성이 없었을 가능성이 크다. 그래서 감자아일랜드의 감자 맥주는 더 의미가 있다. 감자아일랜드는 우리에게 아이디어가 신념을 만났을 때 어떤 일이 만들어질 수 있는지를 보여준다.

감자아일랜드가 태어난 강원도 춘천은 청정 자연과 도심이 조화를 이루고 있는 지역이다. 맑은 소양강 물과 특산 작물들도 다양하다. 맥주가 보리로만 만들어질 수 있다는 편견만 벗어버린다면 맥주 만들기에 아주 적합한 도시다.

캔으로 유통하는 것도 장기적으로 매출에 도움 되지만 현지에서 발효시킨 드래프트 비어를 마실 수 있다는 건 맥주 애호가들에게 큰 매력이다. 브랜드의 성장 초기 최대한의 브랜드 경험이 필요한 시점에, 수도권에서의 접근성이 좋은 춘천의 지리적 특성은 마케팅 측면에서 많은 도움이 되었다.

강원 FC 맥주, ⓒ 감자아일랜드

본사가 직영하고 있는 오프라인 거점은 현재 춘천 온의동과 서울 롯데월드점 두 곳이지만, 감자아일랜드는 팝업스토어를 통해 고객과 만날 수 있는 곳이라면 어디든지 달려간다.

젊고 크리에이티브한 기지를 살린 마케팅 프로그램들은 감자아일랜드를 방문한 모든 사람에게 잊지 못할 경험과 즐거움을 준다. 진행하는 팝업마다 '감자 으깨기 대회', '감자 화폐' 등의 재미있는 아이디어와 이벤트로 화제가 끊이지 않는다. 오랜 노력 끝에 만들어낸 맥주 맛과 지역에 대한 진정성 그리고 고객에게 주는 훈훈한 웃음은 감자아일랜드의 큰 자산이다.

감자아일랜드는 지역과 함께하는 프로그램을 끊임없이 기획하고 실행한다. 그중 한 프로젝트가 '우두동 사람들'이다. 브루펍이었던 우두동 매장은 2023년 이후 생산량의 증가로 생산 전용 공간인 양조장으로 바뀌었다.

브루펍이 위치했던 지역, 우두동 주민들의 스토리를 담아 레시피를 개발하고 주인공의 사진을 찍어 라벨에 담아 실제 삶이 생생히 녹아 있는 지역 맥주를 만들고자 하는 계획을 했었다.

지난날, 우두동 지점이 매장이었을 때 일반 맥주보다 향이 강한 수제 맥주로 우두동 어르신들에게 더 가깝게 다가가기 위해 지역주민에게 할인해주기도 했다. 이후 온의점 매장에서는 '온의점

사람들', 롯데송파몰점은 '송파구 사람들'로 접목하여 지역별로 실행하고 있다.

강원 FC 맥주를 개발하여 경기와 한 몸이 된 것도 기발한 마케팅의 일환이다. 지역 내 다양한 기업이나 지역의 축제들과 함께할 수 있는 협업은 언제든지 환영이라고 말한다. 감자아일랜드의 모든 계획과 포부는 지역의 발전과 맞닿아 있다.

감자아일랜드는 젊음의 DNA를 품고 쉬지 않고 변화하고 있다. 품질에 대한 연구와 시도는 기본이고 새로운 마케팅의 시도, 공간과 환경의 변화에도 적극적이다.

현재 춘천 퇴계동의 신규 거점의 공사가 진행 중이다. 춘천 퇴계동 거점은 감자아일랜드의 플래그쉽 매장 역할을 할 예정인데, 1층 양조장, 2층 매장, 3층 사무실로 구성될 계획이다. 완공 후, 우두동 양조장과 온의동 매장의 역할이 합쳐진 감자아일랜드의 모든 제조 과정과 신선한 맥주를 한곳에서 생동감 있게 체험할 수 있는 춘천의 랜드마크가 될 것으로 기대된다.

안 대표와 김 대표 모두 브랜딩에서 맛과 함께 가장 중요한 감각으로 시각적 요소를 꼽는다. 그중 컬러는 브랜드에 있어 맛보다도 먼저 접하게 되는 감각 요소이기 때문에 이 부분을 적극적으로 활용한다. 선명한 파랑, 노랑, 주황을 감자아일랜드의 브랜드 컬러로 정의했다. 강원도의 청정한 기운을 느끼게 해줄 파랑, 신선한 맥주와 감자의 이미지를 대변하는 노랑, 젊은 팀원들의 열정과 패기를 의미하는 주황을 메인 컬러로 사용한다.

SNS 콘텐츠나, 롯데월드의 오프라인 매장, 춘천의 브루펍 그리고 늘 새롭게 변신하여 열리는 팝업스토어 모두 브랜드 컬러를 적극적으로 활용하여 활기차고 힙한 디자인으로 고객에게 다가간다. 특히 팝업은 단기간의 행사이므로, 시각적인 요소로 시선을 끌고 매번 재미있고 색다른 콘텐츠로 잊지 못할 경험을 선사하고자 노력한다.

컬러를 중심으로 하는 재미있는 커뮤니케이션으로, 감자아일랜드의 두 대표는 소비자 마음속에 '우직하고 엉뚱하고 재미있는 형들'로 포지셔닝되었다. 대기업의 자본력과 치열한 마케팅 전쟁 속에서 브랜드와 소비자와의 마음속 거리를 좁힐 수 있는 스마트한 전략이다.

안 대표는 '감자아일랜드'의 미션을 '지역과의 상생', '국내 크래프트비어 산업에 변곡점 제시', 더불어 '강원도 내 관광산업의 활성화'까지 연결하는 것이라고 말한다. 맥주와 연결된 다양한 콘텐츠를 강원도 방문 관광객에게 즐길 거리로 제공하고, 지역 관광산업을 활성화한다.

최종적으로는 '가장 지역적인 것으로 가장 세계적인 곳까지 성장하는 것'을 꿈꾼다. 로컬이 글로벌을 넘보는 유쾌한 반란을 꿈꾼다. 그 꿈을 진심으로 응원하기 위해서는 소비자로서 관심, 즉 구매뿐만 아니라 때로는 냉정한 피드백도 감자아일랜드의 지속적인 성장에 도움 될 것이다.

젊은 창업가들이 자신이 속해 있는 지역과 사람들을 소중히 여기고, 그곳을 터전으로 함께 풍요로운 삶을 누리고자 하는 노력은 참 아름답다. 지역을 발전시키기 위해서는 지역브랜드가 지역을 넘어서 전국으로 그리고 글로벌로 펼쳐나가야 함을 그들은 잘 알고 있다. 확산과 발전을 위해 독창적이고 이야기가 있는 원료 개발과 함께 품질을 높이기 위한 끊임없는 노력이 수반되어야 한다.

자체적인 노력과 함께 사회적 지원과 법 제도의 개선도 필요하다. 지역에서 지역 재료로 지역 사람들에 의해 제조되지만, 맥주와 위스키는 현행법상 지역특산주로 분류되지 못한다. '지역특산주'와 '전통주'의 개념이 혼재되어 있어 지역에서 생산된 보리를 100% 사용하는 군산 맥주도, 강원도 농산물로 만들어진 감자아일랜드 맥주도 지역특산주에서 배제되어 있다. 지역특산주로 인정받게 되면 50%의 주세 감세와 온라인 유통이 허가된다. 지역특산주 인증이 비즈니스를 펼쳐나가는 데 큰 도움이 됨은 물론이다.

파도가 치지 않는 물은 바다가 아니다.

이미 고품질 맥주 맛의 경험을 가진 세계 소비자들의 입맛에 관한 연구와 감자아일랜드 제품 특색의 균형점을 찾아가는 어려운 항해가 남아 있다. 글로벌 시장에서도 사랑받는 '감자섬'이 되기 위해 해결해야 할 부분들을 강원도 대지에 단단히 발을 딛고 뚝심으로 파도를 헤쳐가리라 믿는다.

감자아일랜드를 여행하는 동안, 감자아일랜드의 캐릭터 감자 같은 싱거운 얼굴로 내내 웃고 다녔다. 글을 쓰던 중 회사 근처에 있던 매장을 방문해 허탕을 치기도 했지만, 그래도 즐거웠다. 팝업 마지막 날인 일요일 저녁, 팝업에 대한 정보를 알게 되어 부리나케 달려가 밝은 얼굴의 정홍식 팀장과 이야기를 나눈 순간은 아슬아슬하게 세이프 판정받은 야구선수처럼 신이 났었다.

인스타의 팔로워가 나날이 늘어가는 모습이나 팝업 현장에서의 뜨거운 인기를 바라보면 한여름 소나기 내리는 오후에 토실한 감자 간식을 먹은 듯 배 속이 든든했다. 우리의 젊은 브랜드가 척박한 환경 속에서 싹트고 쑥쑥 자라나고 있음을 지켜보며 어떻게 흐뭇하지 않을 수 있겠는가.

지금은 며칠 전 팝업스토어에서 '겟^{get}'한, 새로 개발된 자양강장 '쌍화맥주'를 홀짝거리면서 원고를 마무리하고 있다.

감자아일랜드가 전해준 열정과 해학의 에너지가 마음을 채운

© 감자아일랜드

다. 채워진 에너지를 누군가에게 더 힘차게 전달하리라 마음먹는다. 작은 마음의 파동이 파도가 되고, 로컬은 글로벌이 되고 개인은 공동체 속에서 발아된다.

PART 4

연결과 확장의 디자인

일일호일 / 키뮤스튜디오 / 로컬스티치 / 펜두카

일일호일

○
1.4km 밖에서 그려보는
매일매일 건강한 하루

2024년 7월 28일 일요일, 정오 33℃, 광화문 교보문고에 갔다.

지구에 정말 무슨 일이 생겼나 보다. 온종일 비가 오고 번개가 치다가 햇볕이 나고 다시 비가 오는 것이 반복되는 요즘이다. 날씨도 심란하고 컨디션도 이상한 휴일, 움직이기 위해 몸을 겁박할 명분이 필요했다.

'답사를 가자. 내일은 월요일이고, 새로운 과목 강의 준비도 해야 하고, 곧 출장도 있잖아. 오늘밖에 시간이 없어. 일어나!'
몸이 잘 말을 듣지 않는다. 저술을 위한 기업 인터뷰 순서를 슬그머니 바꿔서 젖은 빨래같이 처져 있는 몸을 독촉해 일으켜 세운다.

출발도 하기 전에 지쳐 있었지만, 이왕 나온 김에 대중교통으로 하나하나 동네를 눈에 담으며 가보기로 했다. 지하철 5호선 광화문역에서 내려 환승을 위해 밖으로 나갔다. 폭염주의보 날씨 속에서 허튼 한 걸음도 용납하지 않겠다는 의지로 초록 아이콘의 지도 앱을 켜고 버스 정류장에 섰다.

'여기가 맞지? 1020번을 타면 된다 했고…… 몇 정거장이더라…… 컨디션도 안 좋은 데 헤매지 말고 확인하고 가야지…….'
버스를 기다리며 휴대폰 앱을 다시 한번 들여다본다. 헉! 지도 아래 고딕체 빨간 글씨가 눈에 들어온다.
'오늘 휴무, 아! 일요일.'

괜스레 버스를 같이 기다리던 옆 사람이 비웃는 거 같아, 표정 관리를 하며 버스 정류장에서 뒤돌아섰다. 누가 보면 불쌍해서 동전이라도 쥐여주고 싶어질 얼굴을 하고, 지하철역 출구로 다시 들어가 바로 연결된 교보문고로 들어갔다.

회전문을 열고 서점 안으로 들어서니 쾌적한 온도와 습도 그리고 특유의 냄새가 안도감을 준다. 폭포같이 쏟아져 있는 신간의 물줄기에 바로 몸을 담그고도 싶었지만, 일단 땀에 젖은 셔츠와 풀린 다리 그리고 스스로에게 쏜 비난의 화살로 입은 내상을 먼저 응급처치해야 했다.

교보문고 안쪽 끝에 있는 스타벅스에 익숙하게 다가갔다. 그리고 늘 함박웃음으로 위로를 주는 친구가 보내준 스트로베리 요거트 바코드를 자랑스럽게 내밀었다.

'나 이런 사람이라고! 준비성 봐! 여기 온 건 모든 것이 계획이라니까!'

일단 소심한 당당함으로 스스로에게 체면을 간신히 세우고 멀리서 눈으로 점 찍어둔 빈자리에 앉았다. 아고고, 어깨에 멘 배낭을 내려놓고 긴 한숨을 한번 쉬고 주위를 둘러보았다.

7, 8미터쯤 되어 보이는 통나무 테이블엔 20대 청년, 엄마와 함께 온 어린이, 흰머리에 등이 살짝 굽으신 남자 어르신, 돋보기가 우아한 할머니, 중학생으로 보이는 소녀들, 다양한 사람이 저마다 뭔가를 열심히 읽고 있었다.

쌕쌕거리는 지친 호흡의 내 신체 나이를 스트로베리 요거트의 새콤함이 세 살쯤 내려주었지만, 직관적 상태는 누가 봐도 그 테이블에서 내가 제일 연장자였다. 피곤했다. 아주 많이.

'컨디션이 왜 이러지? 오늘은 잠도 많이 잤는데…… 건강에 이상이 있나…….'

건강, 건강이란 무엇인가? 건강하다는 건 어떤 상태인가? 무엇을 어떻게 준비하고 살아가야 하는가? 너무나 기본적이면서도 딱히 답을 얻을 수 없는 질문들이 꼬리를 물었다. 이런 컨디션으로 왜 여기로 왔을까? 많이 힘들면 병원에 가야 했었나? 아니면 집?

병원은 과하고, 허탈함과 무기력을 그대로 끌고 집으로 가고 싶지도 않았다. 그 중간의 타협안으로 잘 아는 공간으로 들어온 거다. 도심 한복판의 사람이 제일 분비는 서점, 그 안에 있는 자본주의의 대표적 프랜차이즈 카페가 무한정 편안한 것만은 아니다. 하지만 무더위와 허탈한 마음 그리고 빈속인 나의 컨디션에서는 일단 '안다'는 것과 '편안함'은 같은 말이었다.

내가 가려고 했던 그곳은 '일일호일'이라는 서촌의 작은 책방이다. 매일매일 건강한 하루라는 뜻이다. 허탈한 마음에 지도를 다시 보니 1.4킬로미터 떨어져 있단다. 착오가 없었다면 지금 건강 관련 책이 가득한 그곳을 호기심 어린 고양이처럼 탐색하고 있었을 것이다. 건강에 관한 100권의 책 '건강백서'의 제목도 주욱 훑어보고, 운이 좋았으면 사랑채에서 열리고 있을 건강 세미나에 참석했을지도 모르겠다.

사진 자료에서 본 일일호일은 햇살이 한옥 마당을 비추어 늘 사월 같아 보이는 곳. 길냥이 노랑이가 매일 밥을 먹으러 다녀가고 화단의 꽃들도 요란 떨지 않고 지친 나를 반겨줄 것 같았다. 1.4킬로미터 밖, 지척에서 손짓하는 공간을 그려본다. '매일매일 건강한 하루'를 만나러 가는 길을 즐기는 거로 하자. 지금의 기진맥진을 설렘이라 부르자.

○
건강의 길목에
등불을 켜주는 사람들

7월 30일 화요일. 오후 2시, 31℃, 건강이 일상이 되는 곳, 일일호일에서 글을 쓴다.

오늘 드디어 1020번 버스를 탔다. 스피커에서 통인시장 정거장이라는 방송이 나올 때 37℃, 날씨 속 헤맴 방지를 위해 지도 앱을 장전하고 버스에서 내렸다. 하, 그런데 하차하니, 바로 그 자리에 '일일호일' 정문이 손녀 마중 나온 외할머니처럼 두 팔을 크게 벌리고 미소 짓고 있었다.

버스 정류장 쉼터라고 해도 과장이 아닌 정도의 위치였다. 외갓집에 들어가듯 주저 없이 뛰어 들어갔다. 자료정리를 하는 동안 이미 마음에 새겨 넣은 터라 귀여운 로고 밑 노란 의자도, 출입문도 친숙했다. 내부는 차분하고 정겨웠다. 글이 아주 잘 써질 것 같은 공간이었다. 무엇보다 카페와 서점의 균형이 기가 막혔다. 공간 크기로도 디자인 비중으로도 어느 한쪽으로 치우치지 않은 모습. '이 정도 균형감이라면 건강을 논할 만하지' 하는 생뚱맞은 신뢰가 솟아 나왔다.

시그니처 음료인 어린 쑥 라테를 마셨다. 맛있다. 비건 디저트

© 일일호일

들도 눈길을 끈다. 반 페이지 남짓 원고를 쓰다 결국 따뜻한 커피와 제주 당근 머핀을 다시 주문해 먹었다. 또 한 번 '역시' 한다.

일일호일은 2021년 1월에 문을 연 건강책방이다. 헬스 커뮤니케이션 전문 컨설팅 그룹인 '엔자임헬스'가 책과 함께 건강의 가치를 발견하고 소통하기 위해 만든 공간이다. 코로나 시국의 한가운데서 문을 열고 3년간 꾸준히 매출도 인지도도 올라가고 있는 서촌의 대표 독립서점이다.

카페는 김민정 책방지기와 유혜미 책방지기, 두 사람이 함께 운영하고 있다. 오늘은 인터뷰 요청 전 혼자 글을 정리하기 위한 사전 방문이었는데 운 좋게 두 사람을 모두 만날 수 있었다.

두 사람 모두 일일호일과 많이 닮아 있었다. 따뜻하고 자신만의 건강한 신념이 있어 보였다. 책을 사랑한다는 공통점 때문인지 아니면 엔자임헬스 소속으로서 흡수된 문화 때문인지, 각자의 개성과 동시에 묻어나오는 동질성이 있었다.

지금은 두 사람 모두 엔자임헬스 헬스콘텐츠 사업부 소속인데, 개편되기 전에는 김민정 책방지기는 엔자임헬스에서 PR본부의 수장이었고, 유혜미 책방지기는 출판본부의 수장이었다.

일일호일에 대한 자료들을 보면서 화려하거나 튀지 않지만 잔잔하고 차분하게 콘텐츠가 켜켜이 쌓여가는 느낌을 받았다. 일일호일과 엔자임헬스와의 관계를 알고 나니 '어쩐지' 하는 생각이 들었다. 동시에 안심이 되기도 했다. '일일호일'이 안정적으로 운영되어 더 성장하고 우리에게 더 좋은 영향력을 지속적으로 끼쳐줄 수 있을 것 같은 생각이 들어서다.

독립서점이 현실적으로 버티기 어렵다고 하는데, 이곳 일일호일은 건재할 수 있을 거라는 확신이 들었다. 그만큼 독립서점을 운영하는 사람들을 볼 때마다 감사함과 염려로 눈꼬리가 세모나게 변하는 건 어쩔 수 없다. 책방이 책 팔아서 돈 많이 벌 수 있는 세상이 되면 좋겠다.

일일호일 책방지기들의 업무는 상상을 초월한다. 업무량의 측면보다는 일의 범위가 정말로 넓다. 주요 업무인 건강백서의 책 큐레이션부터, 북콘서트, 세미나의 주제 잡기와 개최, 자체 출판, 카페 메뉴 개발, 카페 운영, SNS 홍보, 블로그 운영, 한옥인 일일호일 공간관리, 아, 매일 출근하시는 길고양이 '노랑이'의 밥시중도 중요한 일과다.

업무환경만 보면 음악과 책이 있고, 작은 정원이 있고, 커피가 있는 누구나 꿈꾸는 공간이지만, 이 세상 모든 일들이 저 혼자 굴러가는 것은 없으니 우리가 그곳에서 즐기는 모든 일이 운영하는 입장에서는 일거리인 셈이다. 그렇게 분주하게 건강의 길목에 등

© 일일호일

불을 밝혀주는 책방지기들 덕분에 일일호일은 한결같은 모습으로 우리의 건강을 응원한다.

책방이 문을 연 이후, 인지도도 많이 오르고 카페 매출도 증가하여 계속 상승세를 타고 있다. 더 분발해야 한다며 각오를 말하는 와중에도 개인이 운영하는 다른 독립서점들을 걱정한다.

일일호일은 사람들이 건강에 대한 새로운 생각을 하도록 돕고, 생각의 근육을 키워준다. 건강한 먹거리와 건강 관련된 책들 속에 있으니, 건강을 위해 무엇인가 하고 있는 듯한 기분이 든다. 기운이 난다.

지난 일요일보다 훨씬 나아진 몸 상태에, 건강함이 스민 공간이 주는 에너지가 더해져 갑자기 걷고 싶어진다. 막 정비를 마친 자동차처럼 달리고도 싶어진다.

○
**건강한 콘텐츠가 이어 달리는
따뜻한 플랫폼**

일일호일은 단순한 책방이 아니라 일상 속에서 건강한 가치를 발견하고 교류하는 플랫폼이다. 일일호일에서는 건강에 대한 화두를 던지는 다양한 테마 기획전이 계속해서 이어진다. 그뿐만 아니라 온·오프라인을 아우르는 건강 콘텐츠 플랫폼이자 미디어로 나아가기 위해 올해, 2025년에는 건강과 헬스케어 관련 책 출간을 준비하고 있다.

방문했던 날에는 서울시 어린이 도서관과 함께하는 〈나와 지구의 건강을 위한 슬기로운 지구 생활〉이라는 수업이 진행 중이었다. 꿀벌에 대해 공부하고 꿀벌이 좋아하는 토끼풀을 키워보는 〈씨드페이퍼〉를 만들고 있었다. 손으로 종이를 찢어서 풀죽 토양을 만들고 그사이에 토끼풀 씨앗을 심어 자연건조시키는 수업이었다. 어린이들이 신나게 수업을 마치고 난 후 물 바다가 된 세미나 공간 바닥을 열심히 정리하던 김민정 책방지기와 유혜미 책방지기를 만나 인사를 나누었다.

일일호일에서는 질병을 경험한 환자들이 모여 책을 읽고 이야기를 나누는 환우 독서 모임도 꾸준히 이어지고 있다. 돌봄과 나이 듦에 대한 책을 함께 읽는 독서 모임, 치유의 뜨개 모임, 채소를 싫어하는 어린이들과 함께 농사에 관한 책을 읽고 채소 피클을 만들기도 하고 암 환우를 대상으로 한 영양상담이 진행되기도 한다. 평상복을 입은 의료진들의 권위를 벗어던진 친절한 눈높이 강의도 개최된다.

시각장애인 딸을 위해 어머니가 직접 운영한 점자책 만들기 모임이나 저자와의 대화 등 넓은 의미의 건강에 대한 콘텐츠를 모두와 나눌 수 있도록 공간을 대여해주기도 한다. 이렇게 다양하고 유익한 콘텐츠들은 즐거운 참여를 유도한다. 직접 참여한 사람들에게도 이야기를 공유받은 사람에게도 건강에 대한 새로운 생각을 일깨워준다.

일일호일 카페 역시 모든 메뉴가 건강을 가득 담고 있다. 비건

ⓒ 일일호일

vegan 재료의 로푸드raw food 디저트와 계절의 건강함을 담은 커피, 차 등의 음료도 책과 함께 즐길 수 있다.

　일일호일은 편안하고 자연스럽게 일상과 건강을 밀착시킨다. 20대 젊은 연인들도 책과 함께 자연스럽게 건강 이야기를 하고, 아이들도 그들의 눈높이로 건강을 배우고 체험한다. 암과 같은 질병에 관한 책들로부터 여성의 갱년기, 식문화, 운동, 수면 등과 같은 개인의 건강과 사회와 지구의 건강에 이르기까지 일일호일이 바라보는 건강은 폭넓고 배려 깊다.

건강백서 서가에는 일반적인 건강서는 물론이고 '방구학 개론', '만화로 보는 해부학'처럼 인체에 대해 쉽고 재미있게 접근할 수 있는 책들도 있다. '가난한 아이들은 어떻게 어른이 되는가?' 등 우리 사회의 함께 고민해봐야 하는 부분까지 공감대를 넓혀간다. 이해하기 쉽게 정리된 카테고리는 건강과 외부 요인과의 연결성에 대한 인식을 심어준다.

일일호일은 우리가 서로 연결될수록, 많이 소통할수록, 더욱 건강해진다는 걸 일깨워준다. 건강은 스스로 지키겠다는 자발적 의지가 있어야만 앞으로 나아갈 수 있는 수동자전거다. 스스로 방향을 정하고 페달을 밟아야 앞으로 나아갈 수 있다. 일단 바퀴가 구르기 시작하면 속도가 붙고 함께하는 즐거운 여행이 시작된다.

○
건강에 대한 생각이 자라는
'제3의 공간'

일일호일은 건강한 삶을 중요하게 생각하는 사람들, 그러니까 우리 모두에게 건강을 위한 '제3의 공간'이 되어줄 편안하고 따스한 공간이다.

제3의 공간은 미국의 도시 사회학자 레이 올든버그가 그의 저서 《제3의 장소 The Great Good Place》에서 소개한 개념이다. 전통적이고 대표적인 제3의 공간이 이탈리아의 동네 노인들이 모여드는 작은 우물이 있는 광장, 영국과 아일랜드의 마을 골목마다 있는 주점, 오스트리아 빈의 커피하우스 같은 곳이다. 그리고 현대사회에서는 고독감이나 소외감의 문제를 해결하는 방안으로서 공간에 주목했다. 그는 '자연스러운 인간관계' 속에서 교류와 소통을 하는 공간의 기능을 중시한다.

반면, 심리학자이자 체험경제의 선구자인 크리스안 미쿤다는 제3의 공간을 '연출된 공간'이라는 관점으로 개념화했다. 그는 제3의 공간에서는 일상의 공간에서 느끼지 못하는 색다른 체험을 할 수 있게 한다는 데 초점을 맞추었다.

두 사람의 제3의 공간에 대한 접근은 차이가 있지만 '부담 없이 와 오래 머물 수 있고 편안해야 한다'는 공통점이 있다. 둘 다 '제1의 공간'은 집, '제2의 공간'은 직장으로 분류하고 '제3의 공간'에 대해 논의하고 있다. 스타벅스도 이러한 분류를 기반으로 마케팅에 제3의 공간 개념을 적극적으로 활용하고 있다.

건강을 기준으로 공간을 분류해본다면 휴식을 취하는 집을 제

1의 공간, 건강에 대한 목적과 성과가 분명한 병원이나 헬스클럽 등을 제2의 공간으로 볼 수도 있을 것이다. 그렇다면 일일호일은 건강에 대한 생각과 정보공유 그리고 건강한 사람에게도 건강관리의 동기부여를 할 수 있는 그 중간지대의 제3의 공간이라고 할 수 있다.

이 역시 새로운 관점이지만 건강에 대한 개념을 조금만 확장해서 본다면 그리고 건강관리의 시작을 일상으로 펼친다면 책방과 카페도 건강을 위한 공간이라 할 수 있다.

ⓒ 일일호일

명확한 콘셉트를 가지고 있으면서도 편안한 느낌을 주는 일일호일은 나의 눈을 번쩍 뜨이게 하는 제3의 건강 공간이었다. 의무감에 짓눌려 요가학원, 필라테스, 헬스클럽의 문 앞만 기웃거리기만 하는 건강계의 부랑자인 나에게 활짝 열린 일일호일의 대문과 그 안으로 빼꼼히 보이는 노란 해님 로고는 쭈뼛대는 나를 건강한 가족으로 환대해주었다.

고즈넉한 한옥에서의 책과 음악 그리고 사방으로 들어오는 햇살 속에서, 병원이나 헬스클럽에서 받을 수 없는 마음의 치유를 경험하게 된다. 그리고 사람들과의 교류 속에서 긍정의 에너지가 확산한다. 이런 곳이 우리 곁에 가까이 있다는 것은 너무 다행한 일이다.

새롭게 사업을 구상하고 있는 미래의 사업가를 위하여, 아직은 출발점에서 어려움을 겪는 스타트업 경영자들을 위해 이 책을 쓰기 시작했다. 인사이트와 함께 용기를 전달하고 싶었다.

책을 쓰는 동안 사람과 공간과 브랜드를 만나는 과정에서 몸은 바빴지만, 마음은 치유를 얻었다. 시간을 쪼개 써야 해서 수면시간은 줄었지만, 오히려 지구와 사회와 나 자신의 건강에 대한 생각과 새로운 시도는 어느 때보다 왕성해졌다. 일일호일에 대한 글을 쓰는 동안 종처럼 부리던 내 몸에 측은지심을 느끼며 지난날을 뒤돌아보았다.

일일호일의 모기업인 엔자임헬스는 이 책에 소개된 사례 중 가장 업력이 길고 업계에서 자리를 잡은 헬스케어 마케팅 커뮤니케이션 기업이다. 김동석 대표가 가장 사용하기 싫어하는 말이 '진정성'이라고 한다. 이해 간다, 무슨 느낌인지. 나 또한 '진정성'이라는 단어를 입으로 말하고, 눈으로 읽지 않고 마음으로 '진정한 진정성'을 느껴주길 바란다.

BTB 기업인 엔자임헬스가 일일호일을 기획하고 투자한 것은 장기적으로 분명 이미지 제고에 도움이 된다. 하지만 그 목적만으로 이 일을 벌이고 지속하는 것은 경영적인 측면에서만 보면 현명하지 않을 수 있다. 인사가 만사인 커뮤니케이션 대행사에서 두 수장을 신규 사업에 몰입하게 하는 것. 그리고 운영되는 하나하나의 과정들은 김 대표가 내세우기 싫어하는 '그거' 없이는 불가능한 행보다.

이 책에서는 ESG를 명시적으로 분류해서 설명하는 것을 피하려고 했었다. 일일호일의 사례를 통해 ESG 중 S^{Social} 측면을 일일호일의 사례를 통해 전달하고 싶었다. 그런데 일일호일의 모기업인 엔자임헬스의 경영방침 속에 전달하고 싶은 ESG 이야기가 맛있게 버무려져 있어서 레시피를 공개해본다.

E, 환경적 측면에서 일일호일을 살펴보면 지구의 건강에 대한 서적 큐레이션과 캠페인을 실행하고 있다. 절제된 카페 운영에서 불필요한 것들을 만들어내지 않겠다는 의지가 느껴진다.

S, 사회적 측면의 면모는 일단 개점 시기가 대변해준다. 예견된 적자를 감수하고 코로나가 한참인 2021년에 문을 열어 건강에 대한 이슈를 사회로 던졌다. 내가 가장 감동받았던 건 진단과 치료에만 주목하던 건강에 대한 생각의 폭을 넓혀 환자의 가족, 투병생활, 완치된 후의 사회로의 복귀까지로 확장하여 살피는 섬세한 혜안이었다.

딱딱하고 어렵게 느껴지는 건강 서적들을 한옥 대청마루로 옮겨와 우리에게 이야기로 풀어주는 건강 메신저 역할도 따뜻했다. 기업 내부적으로 3년에 한 번씩 안식월을 시행하는 직원복지도 ESG 중 사회적 측면의 훌륭한 실천 사례다.

믿고 맡기는 투명한 경영방침과 바람직하지 않은 일은 하지 않는 정도경영은 G, 윤리경영에 해당한다. 서점에 가끔 오셔서 정원 가꾸고 감나무 돌보는 정원사로서의 인간적인 대표님 모습은······. 음······ 이건······. 소문자 g, '게다가' 정도로 해두자.

이 책에 사례로 담겨 있는 기업의 경우도, 대부분의 다른 초기 스타트업들도, 한꺼번에 ESG 세 가지 요소를 모두 충족하기는 쉽지 않을 것이다. 하지만 그 나름의 단계적인 노력을 할 수 있을 것이라 믿는다.

기본적으로 사람을 귀하게 여기고 배려하는 기업은(S) 당연히 우리가 사는 지구도 소중히 여기고(E), 정도에 어긋난 행동은 누가 뭐라 하지 않아도 스스로 불편해서 못 한다(G).

제발, "우리 회사는 작아서요……", "우린 업종이……" 하고 토 달지 말아주길 바란다. 우리는 모두 무엇인가를 하고 있고, 무엇인가를 할 수 있다.

키뮤스튜디오

한 입의 행복, ⓒ 키뮤스튜디오

○
한 입의 행복,
마음을 채우는 디자인

한 주 내내 마음에 습기가 가득 차 있었다. 마치 추운 겨울밤 길가에 방치한 자동차의 앞 유리처럼 성에가 잔뜩 끼어 있었다. 대표로서, 교육자로서 무장한 감정의 갑옷이 때때로 에버랜드 아르바이트 첫날 뒤집어쓴 인형 탈처럼 버겁게 느껴질 때가 있다. 모드전환이 필요한데 쉽지 않다. 하필 이런 기분일 때 개인 금지곡인 검정치마의 '기다린 만큼, 더'를 들어버렸다. 기분이 더 가라앉는다.

"그래도 할 건 해야지……."

중얼거리며 자료를 뒤적인다.

키뮤스튜디오. 책 후반부에 넣으려고 아껴두었던 디자인 소셜 스타트업 이야기다. 마음이 완전히 가다듬어지지 않아 훌쩍거리며 생각을 모아본다. 순간 작품 하나에 시선이 꽂혔다. 〈한 입의 행복〉이라는 작품이었다. 보는 순간, 새로 교체한 와이퍼가 말끔히 성애를 닦아낸 것처럼 시야가 맑아지고 갑자기 허기가 치솟는다.

도넛, 핫케이크, 프라푸치노, 콜라 등 뉴욕 시민들이 사랑하는 음식들이 키치하게 그려진 이 작품은 뉴욕에서 활동하는 아티스트 'Inho' 작가와의 글로벌 협업으로 탄생했다. 그림 속 음식은 단순한 이미지가 아니라, 키뮤스튜디오의 한국적 감성과 뉴욕의 팝 문화가 만나 탄생한 감각적 해석이 담긴 맛있는 행복이었다. 훌쩍거림을 그치고 코까지 휑 풀고 자세를 고쳐 앉는다.

기분과 생각의 흐름이 10대처럼 맥락 없음을 누군가는 회복탄력성이라고 말해주었다. 뭐든 감사하다. 이 책에 소개된 브랜드들처럼 나도 사람들의 기운을 북돋는 존재가 될 수 있다면 그걸로 족하다.

〈한 입의 행복〉의 독특한 색감과 생동감 있는 표현이 갑자기 초등학교 시절 발달장애를 가진 친구 민석이를 떠올리게 했다. 민석이는 미술 시간에 남다른 집중력을 보였다. 평소엔 산만하고 의사소통이 어려웠지만, 그림을 그릴 때만큼은 완전히 다른 사람이 되었다.

선생님이 바다 생물을 그리라고 했을 때, 민석이는 커다란 여객선을 그리고 그 안에 수십 개의 창문과 각각의 창문 속 이야기를 세밀하게 담아냈다. 창문 안에는 파티하는 남녀, 책 읽는 노인과 잠자는 고양이, 화장하는 여자 등의 다양한 상황이 촘촘히 그려지고 있었다.

민석이는 수업을 마치는 종이 치고 나서야 처음으로 고개를 들었다. 모두가 민석이의 그림이 '주제에서 벗어났다'고 생각했다. 나는 민석이 그림의 구체성과 표현력에 놀랐지만, 반 분위기에 휩쓸려서 나의 감정을 표현하지 못했다.

지금 키뮤스튜디오의 작품들을 보며 문득 시선의 다양성에 대해 깨닫는다. 민석이의 그림처럼, 키뮤스튜디오의 작품들에는 세상을 바라보는 특별한 시선이 담겨 있다. 그때 민석이에게 "니 그림 정말 멋지다!"라고 말해주지 못한 아쉬움과 미안함이 밀려온다.

키뮤스튜디오의 특별한 디자이너들은 아마도 민석이처럼 세상을 남다르게 보는 이들일 것이다. 다만 이제는 그들의 특별한 시선이 가치 있는 예술로 인정받고, 세상과 소통하는 통로가 되었다는 점이 다르다. 어쩌면 민석이도 어딘가에서 멋진 예술가가 되어 있을지 모르겠다.

장애를 가지고 있는 사회적 약자가 예술 활동을 하는 경우, 우리는 여전히 선입견의 필터를 통해 그들의 작품을 바라보곤 한다. 부족하더라도 이해하고, 동정하는 마음으로 칭찬하고, 자선하는 마음으로 작품을 구입하거나 콘텐츠를 소비한다. 하지만 예술이라는 장르에서 작품에 대한 감동이 없는 후원의 마음은 고마울 수 있으나 창작활동을 한 당사자를 진심으로 행복하게 만들지는 못한다.

인식 개선이 필요하다. 사회적 약자의 작품을 접할 때 편견을 가지고 스스로 기준선을 낮추고 작품을 경험하기 전 스스로 좋은 일을 하고 있다는 만족감부터 장착하는 감상 태도는 오만의 다른 모습일 수 있다.

작품에 대한 이해를 돕기 위해 작가에 대한 배경지식이 필요할 때도 있지만, 작품을 감상할 때는 그 순서가 바뀌어야 한다. 장애를 가진 예술인과 함께 비즈니스를 하는 모든 사람이 한목소리로 편견 없이 보아달라고 말하는 것은 그만큼 편견이 평가의 기본값이 되어 있기 때문이다.

기업에도 엄격한 잣대가 필요하다. 장애인이나 사회적 약자가 만든 작품이나 서비스를 비즈니스 모델로 한다면, 그 산출물 자체의 퀄리티로 사용자를 만족시키고 니즈를 충족시키려 노력해야 한다.

키뮤스튜디오의 작품들은 작품마다 개성 있는 표현과 풍부한 색채로 보는 이의 마음을 사로잡는다. 작가에 대한 배경지식과 상관없이 작품 자체가 보는 사람을 행복하게 만들어준다. 보는 이에게 단순한 미적 즐거움을 넘어, 마음의 흠집을 메꾸는 치유의 경험을 선사한다.

키뮤스튜디오의 특별한 디자이너 작품들은 용감할뿐더러 다채롭다. 초등학교 시절 오랫동안 12색 크레파스로 그림 그리며 색의 부족함에 답답했던 내가 양쪽으로 쫙 열리는 60색 크레파스를 선물받은 날, 그날처럼 마음이 꽉 차오른다. 어느새 키뮤스튜디오 작품들처럼 마음의 채도가 높아지고 세상이 살 만하다고 느껴진다.

○
디자인, 편견을 넘어
세계로 향하는 다리

남정원 대표는 2008년 서울 강남구 발달장애 전문복지관인 충현복지관에서 공익근무요원으로 일할 때 미술 교육을 담당했다. 교육 과정에서 만들어진 결과물은 기존 미술 교육에서 볼 수 없던 독특한 감성이 담겨 있었다.

그는 그런 발달장애인들의 작품들이 버려지는 모습을 보며 큰 아쉬움을 느꼈다. 미술 프로그램을 좀 더 체계적인 직업 교육으로 발전시키고 싶다는 생각이 들었고, 발달장애인들의 창작물이 가치 있는 콘텐츠로 활용될 환경을 만들고 싶었다.

그렇게 그의 첫 발견은 단순한 미술 교육을 넘어, 사회적 가치와 예술적 가치를 동시에 창출하는 비즈니스의 씨앗이 되었다. 그에게 디자인은 단순한 미적 표현을 넘어 세상과 소통하는 언어이자 사회적 가치를 창출하는 도구이다.

2018년에 본격적으로 '키뮤스튜디오'를 설립했고, 현재 충현복지관과는 파트너십 계약을 체결하여 복지관 내 충현비전대학에 '키뮤디자인학과'를 만들어 디자이너를 양성하고 있다. 3년의 커리큘럼은 기본적 디자인 역량부터 시작하여 색채, 구성, 표현 기법까지 체계적으로 가르친다. 2019년 배출된 첫 졸업생 3명은 모두 키뮤스튜디오의 정직원으로 채용되어 작가로 활동하고 있다.

2019년 서울리빙디자인페어에서 공개된 〈피기 드림〉은 키뮤스튜디오의 디자인 철학이 담긴 의미 있는 결실 중 하나다. '행복이 가득한 집'이라는 전시 주제에 맞게 행복감과 위트가 느껴지는 따뜻한 이 작품에는 키뮤의 철학이 담겨 있다. 꼬리가 없는 돼지 피기는 등에 커다란 소파를 이고 있고, 주변의 종달새는 끊임없이 노래를 부른다.

그런데도 피기는 결코 지치거나 힘든 내색을 하지 않고 항상 행복하게 웃고 있다. 모두 함께 행복하게 살아가는 '피기 드림'을 꾸고 있기 때문일까? 단순하면서도 강렬한 색채와 직관적인 구성은 복잡한 설명 없이도 보는 이에게 따뜻함을 전달한다.

피기 드림, ⓒ 키뮤스튜디오

다양성과 포용성을 기반으로 세상의 편견을 허물고, 매력적인 디자인과 콘텐츠를 통해 사회적 변화를 이끌어가는 것이 키뮤스튜디오의 목표다. 그 과정에서 그들은 장애를 특별하게 강조하지 않는다. 키뮤는 발달장애인과 '함께하는' 회사이지, 그들을 '돕는' 회사가 아니기 때문이라고 남 대표는 말한다. 이러한 철학은 그들의 디자인 접근방식에도 영향을 미친다. 장애를 부각하지 않고 작품 자체의 아름다움과 메시지가 먼저 다가갈 수 있도록 하는 것이다.

키뮤스튜디오의 첫 투자자인 공승규 씨는 '메타'에서 근무하고 있다. 그는 키뮤스튜디오가 미국과 싱가포르에서 전시를 열었을 때 한걸음에 달려와 통역을 맡아줄 정도로 열렬한 동업자이자 디자이너들의 팬이다.

그는 키뮤스튜디오의 디자이너가 장애인이 아닌, '멋진 사람'으로 보이길 바란다. 그래서 키뮤스튜디오의 홍보, 설명에는 '장애'라는 말이 먼저 달리지 않는다. 마케팅용으로 '장애'를 쓰지 않기로 한 것이 창립 때부터의 키뮤스튜디오의 약속이다. 사전지식이나 선입견 없이 작품 자체로 감동이어야 한다는 '업의 미션'에 대한 자신감이 있기 때문이다.

미국 뉴욕에서의 전시와 메종 오브제 등 해외에서 작품성을 인정받고 기업으로부터의 ESG 캠페인 협업 요청도 줄을 잇고 있다. 키뮤스튜디오는 발달장애인의 디자인 교육을 위해 미국과 싱가포르에 현지법인을 설립할 계획을 가지고 있다.

미국 뉴욕과 싱가포르를 시작으로 샌프란시스코 및 영국, 프랑스 등으로 지역을 넓혀 글로벌 밸류체인을 만드는 목표를 향해 한 단계씩 나아가고 있다. 디자인이 문화와 국경을 초월하는 힘을 지니고 있음을 행동으로 보여주고 있다.

현지법인 설립 이후에 현지 기업들과의 아트컬래버레이션도 기획하고 있다. 스케치할 때 한국의 발달장애인들은 꽃, 동물을 즐겨 그리는 반면, 미국의 발달장애인들은 농구선수 등을 자주 그린다고 한다. 이러한 문화적 차이가 만들어내는 디자인 언어의 다양성은 키뮤스튜디오의 큰 자산이 되고 있다. 서로 다른 문화권의 디자이너들이 협업할 때 탄생하는 컬래버레이션은 매우 유니크하고 흥미로울 것이라 기대된다.

국경을 넘어 서로 다른 문화와 감성이 만나는 이 아름다운 여정을 통해, 키뮤스튜디오는 디자인이라는 보편적 언어로 세상의 벽을 허물고 있다. 마치 피기가 무거운 소파를 이고도 행복하게 웃는 것처럼, 그들은 편견이라는 무게를 이고도 더 넓은 세상을 향해 흔들림 없이 나아가고 있다. 그들의 디자인은 단순한 창작물이 아니라, 사회를 연결하는 다리가 되어 모두가 함께 행복한 세상으로 안내하고 있다.

특별한 디자이너들이
만들어내는 특별한 작품

'키뮤'는 '키덜트 뮤지엄 kidult museum'의 약자다. 키뮤스튜디오는 유니크한 디자인 창작물로 작품 자체와 굿즈 등도 제작하여 판매하고 있다. 일상의 삶을 즐겁게 유쾌하게 표현하고, 환경, 난민, 인권 등 무거울 만한 사회적 문제들도 그들만의 해석으로 매력적인 디자인으로 탄생시켜 호평받고 있다.

키뮤스튜디오의 비즈니스 모델은 ESG 캠페인, 아트 시그니처, 키뮤 브릿지 등 세 가지다. 'ESG 캠페인'은 기업과 ESG 컬래버레이션을 실행하고 있다. '아트 시그니처'에서는 키뮤의 작품을 소장함과 동시에 디지털 보증 digital warranty을 통해 작품의 소장 권리와 보증 서비스 warranty service를 받을 수 있다. '키뮤 브릿지'는 발달장애인 디자이너의 취업 연계를 위한 교육 프로그램을 진행하고 있다.

키뮤스튜디오에서는 발달장애인 디자이너들이 비장애인 디자이너들과 함께 팀을 이루어 작품을 만든다. 서로는 창작하는 동료이자 친구이다. 구성원들은 함께 일하는 발달장애 디자이너들을 '특디(특별한 디자이너)'라고 부른다.

특디 중 누군가는 사물을 단순화시켜 뛰어난 표현 능력으로 그리는 역할을 하고, 또 누군가는 수준 높은 드로잉 실력으로 창의적인 디자인 소스를 개발하는 역할을 한다. 느리지만 디테일이 살아있는 그림을 완성시키는 특디도 있고, 엄청난 집중력과 몰입도로 작업을 이끌어가기도 하는 작업반장 특디도 있다. 각자의 개성과 강점을 살려 함께 작품을 완성시킨다.

키뮤스튜디오의 작품 중에서도 〈헤븐〉은 단순히 인기 있는 작품을 넘어, 여러 특디가 함께 만들어낸 대표적인 협업의 결과물이다. 〈헤븐〉의 밑그림은 드로잉에 강한 김희주 님이, 색채 작업은 키뮤의 컬러 마스터 이태규 님이 맡았다. 그리고 전체적인 구성을 다듬고 완성도를 높이는 과정에서는 송병헌 님과 비장애인 디자이너가 힘을 합쳤다.

그림 속에는 암사자와 호랑이 그리고 한 쌍의 꿩이 서로 경계없이 어우러져 있다. 이상적인 공존의 풍경이다. 이 그림에는 키뮤가 지향하는 철학이 그대로 녹아 있다. 서로 다름을 이해하고 있는 그대로 존중할 때, 더 나은 세상이 만들어진다는 믿음이 담겨 있다.

키뮤스튜디오의 디자인이 일관된 '톤앤매너 tone and manner'를 유지할 수 있는 가장 큰 이유는, 체계적인 디자인 교육 시스템의 뒷받침 때문이다. 키뮤는 오랜 연구 끝에 자체적인 디자인 커리큘럼을 완성했고, 이 내용을 바탕으로 전문 서적도 출간했다. 이런 교육 환경을 통해 특디들의 꾸준한 성장을 돕고 있다.

헤븐, ⓒ 키뮤스튜디오

특별한 디자이너들의 강점을 더 끌어내고 팀이 원활하게 협업할 수 있는 것은 키뮤스튜디오만의 노하우와 시스템이 있기 때문이다. 유연한 근무시간 등 작업 시스템도 필요하지만, 비장애 직원들의 열린 마인드와 동료의식을 바탕으로 사람과 사람이 만들어가는 협업 시스템이 가동된다.

　남 대표는 현재 20~30대 발달장애인의 일자리 창출도 당면한 문제지만 훗날 부모님 없이 홀로서기를 해야 하는 40~50대 발달장애인의 문제 또한 우리 사회가 해결해야 할 영역이라고 지적한다. 발달장애인의 경력관리는 물론 디자인이 가진 힘으로 사회적 문제를 해결하는 역할을 하고 싶다는 그의 포부는 우리에게 함께 살아가는 사회 속에서의 상호 견고한 연결이 필요함을 일깨운다.

　키뮤스튜디오의 심볼, 검은 바탕의 스마일은 키뮤스튜디오의 특별함을 잘 반영하고 있다. 우리에게 익숙한 스마일 아이콘과 언뜻 보면 구분할 수 없을 정도로 작은 차이를 지니고 있다. 스마일 이모티콘의 눈의 검은자의 위아래가 서로 반대로 되어 있는데, 남 대표는 이 작은 차이가 특별함을 만들어내는 것, 그게 키뮤스튜디오의 방향성이라고 말한다.

　키뮤스튜디오에서는 하루하루 저마다의 다름이 모여 더 큰 아름다움을 만들어낸다. 작은 차이가 만드는 특별함을 믿고, 그 '특별함'들이 서로 어우러져 완성되는 작품들처럼, 모든 사람의 고유한 가치가 존중받는 세상을 디자인해가고 있다.

키뮤스튜디오 작품들, ⓒ 키뮤스튜디오

함께 만들어가는
연결과 확장의 장

키뮤스튜디오는 '글로벌'과 'IP 콘텐츠' 두 가지 핵심 목표를 중심으로 성장해 나아가고자 한다. 키뮤는 유니크한 콘텐츠를 통해, 국내뿐만 아니라 해외에서도 인정받는 브랜드로 자리 잡는 게 목표다. 실제로 프랑스, 미국, 싱가포르 등지에서 성공적으로 전시를 마쳤고, 이를 기반으로 글로벌 네트워크를 더욱 확장해가고 있다.

키뮤는 디자인을 제공하는 것을 넘어, 지속 가능한 비즈니스 모델을 구축해가고 있다. 현재 '키뮤뱅크'를 운영하며, 특디들의 원화를 벡터화하고 이를 다양한 디자인 소스로 활용할 수 있도록 하는 시스템을 갖추었다. 앞으로는 이 IP를 더욱 확장하여 브랜드 협업과 라이선스 사업 등에 다양한 방식으로 활용해갈 계획이다.

키뮤스튜디오는 ESG 실천의 핵심을 '협업'에서 찾는다. 2025년 서울리빙디자인페어에서 진행한 〈1000 프로젝트〉는 이러한 철학을 잘 보여주는 사례다. 장애의 유무, 나이, 지역과 상관없이 누구나 예술의 주체가 될 수 있도록 기획되었다. 〈피기 드림〉이 보여준 '함께 행복한 세상'이라는 키뮤의 철학을 관람객 1,000명과 함께 실천하는 장이 되었다.

〈1000 프로젝트〉는 단순한 전시가 아니라, 관람객이 직접 참여하고 창작하는 공공예술 프로젝트였다. 대형 캔버스를 전시장에 배치하고, 모든 관람객에게 똑같이 5분씩 시간을 줘 연달아 그림을 그리도록 하는 참여형 부스를 운영했다. 한 사람의 작업이 끝나면 다음 사람이 이어받아 그리는 방식으로, 캔버스 위에서 낯선 이들의 창작 에너지가 하나로 모였다.

〈1000 프로젝트〉는 1,000명이 함께 모여 하나의 작품을 완성하는 과정 자체를 중요한 가치로 삼았다. 특히, 키뮤의 특디들도 현장에 함께하며 이 과정을 직접 경험하면서 더욱 의미 있는 시간이

1000 프로젝트, © 키뮤스튜디오

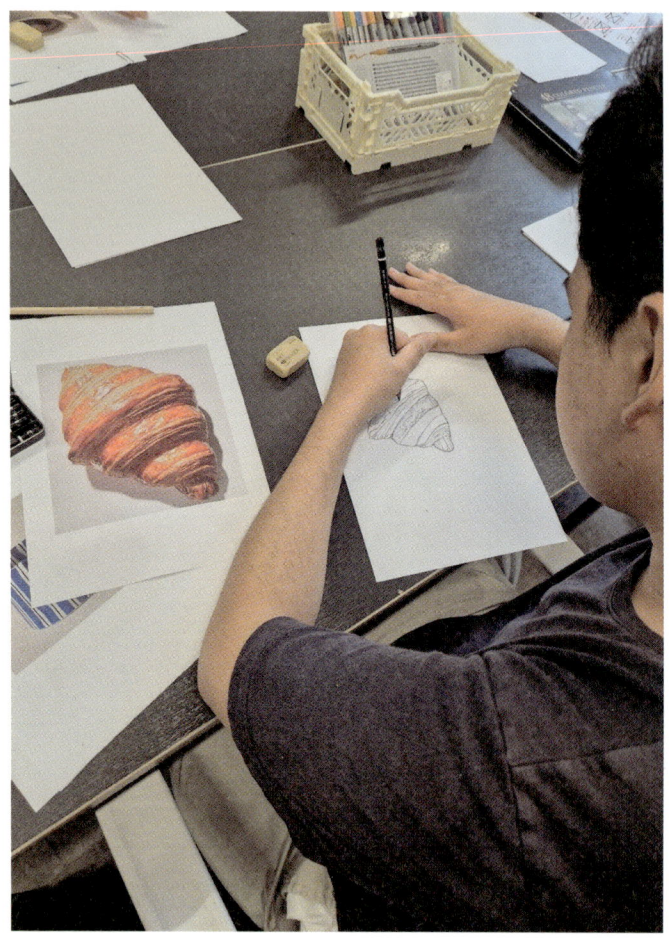

특디 교육, ⓒ 키뮤스튜디오

되었다. 〈1000 프로젝트〉는 예술이 누구에게나 열려 있고, 함께할 때 더 큰 의미를 가진다는 것을 보여주었다.

키뮤스튜디오는 단순히 '좋은 일'을 하는 브랜드가 아니다. 키뮤스튜디오는 예술을 통해 새로운 가치를 창출하고 지속 가능한 비즈니스를 만들어가는 기업으로 성장하고자 한다.

아트의 영역에서 특별한 디자이너들의 고유한 시선과 표현 방식은 우리가 미처 보지 못했던 세상의 새로운 면을 드러낸다. 그들의 작품이 가진 독특한 감성은 보는 이의 마음을 정화하는 여과지 역할을 한다. 키뮤스튜디오의 비즈니스 모델은 발달장애 아티스트들의 재능을 키워주고, 동시에 관람객들에게 새로운 렌즈로 세상을 볼 기회를 열어준다.

키뮤스튜디오가 구현하는 '연결과 확장의 디자인'을 통해 사회적 경계를 허물고, 창작자와 관객, 장애와 비장애, 국내와 해외 사이의 벽을 넘어선다. 특별한 디자이너들의 작품은 단순한 미적 산물을 넘어, 사회를 연결하는 다리가 되고 우리의 시야를 확장하는 창이 된다.

키뮤스튜디오는 숨어 있던 가치를 발굴해 세상과 연결하고, 예술로 사람들을 행복하게 해준다. 예술을 통해 사회적 가치와 경제적 가치의 조화로운 확장을 실현하고 있다.

(13)

로컬스티치

○
도시를 담은
샐러드 볼

    주변이 온통 초록색이다. 파도인가. 초록과 연두 그리고 하얀 물거품도 보인다. 알록달록 무엇인가 떠다니는 것 같다. 한참 파티 중이던 크루즈라도 난파되었나. 내 몸을 내려다본다. 나는 방울토마토다. 나는 지금 샐러드 볼 안에 담겨 있다. 사진작가 지연 씨도 저기 보인다. 그녀는 당근이 되어 있다.

    우리가 담겨 있는 그릇은 둥글넓적하고 안정감이 있고 청량감이 있다. 깨지진 않을 것 같아 안심이다. 멀리 연노랑 쩜탱이는 옥수수인가 보다. 부드러운 초록 양상추 잎을 타고 뭣들 하나 보러 가야겠다.
    '아, 왜 빨리 안 움직여지지…… 신호에 걸렸나…… 가늘지만, 힘 좋은 양배추 위로 그냥 걸어갈걸…… 빨리 만나서 말을 걸어보고 싶은데…….'

꿈에서 깨니 익숙한 침대에 누워 있고, 방 안의 통창은 샤워기에서 뿜어나오는 듯한 세찬 물줄기를 버텨내고 있다. 긴 장마 한가운데서 선명한 색채의 꿈을 꾸었다. 요즘 계속 로컬스티치라는 스타트업 생각을 했더니 이런 꿈을 꿨나 보다. 깨어보니 난 방울토마토도 아니고, 손가락도 있다. 손가락 존재가 새삼 반가워 좀 전에 내가 담겨 있던 샐러드 볼 이야기를 서둘러 키보드에 전달한다.

'샐러드 볼Salade Bowl'은 문화이론 중 하나다. 주로 '멜팅 팟Meltig Pot'이라는 개념과 비교되어 거론되곤 한다. 멜팅 팟은 여러 문화가 섞여 주류 문화로 단일화되는 현상을 말한다. 용광로 이론이라고도 불리는데 과거에는 대표적인 멜팅 팟 사례로 꼽히는 곳이 미국이었다. 수많은 이주민과 외국인들이 모여 결국은 하나의 문화를 만들어가던 현상을 설명한다. 그 표현을 사용하던 미국인들에게는 미국의 주류 문화에 대한 권위와 자부심이 녹아 있기도 했다.

반대로 샐러드 볼은 서로 다양한 문화를 가진 사회 구성원들이 각자의 문화 정체성을 유지하며 사회 내에서 조화로운 통합을 이뤄간다는 뜻이다. 이민자가 많은 나라나 다문화 가정 등을 의미하기도 한다. 근래에는 미국 사회를 말할 때 다시 사용된다.

멜팅 팟과 샐러드 볼은 기본적으로 여러 문화가 섞여 있다는 것에서는 공통적이지만, 융화의 과정과 결과는 전혀 다른 양상을 나타낸다. 미국의 경우처럼 동일한 지역이 시간의 흐름에 따라 전혀 다른 뜻의 은유로 표현된다는 것은 획일화에서 다양화를 인정하는 가치의 변화를 단적으로 보여주고 있다.

이렇게 현상이 바뀔 때도 있고, 동일 언어가 갖는 의미가 변화할 때도 있다. 관점이 바뀜에 따라 언어의 의미도 변화한다. 언어는 생명체이기 때문이다. '로컬Local'이라는 단어가 과거엔 '촌스러움', '투박함'이라는 의미가 더 강했다면 지금은 '독특함'이나 '매력'으로 읽히는 것처럼 말이다.

비단 이민자들뿐만 아니라, 같은 민족 사이에서도 개개인이 십인십색, 더 나아가 상황에 따라 1인 10색의 개성을 뿜어내는 사회가 되었다. 개인적 취향뿐만이 아니라 일하는 방식과 우리가 '일'이라고 말하는 삶의 기본적 요소도 기존의 카테고리만으로는 분류할 수 없게 되었다.

어느 곳에서, 어떻게 살아가야 하는가에 대한 기준은 이제 어디에도 정답이 없다. 그때그때 장소에 따라, 구성에 따라 맛과 향과 생김새가 달라지는 샐러드 볼은 우리가 살아가는 또 하나의 방식이 되어간다.

일하고 생활하는 물리적 공간은 그곳에 머무는 사람들에 의해 생성되고 채색된다. 동네를 즐기고, 지역을 기반으로 자신만의 콘텐츠를 만들어내는 사람들이 모여 있는 곳, 무명과 다명, 직업의 유무, 업의 종류 모두 그곳에서는 하나의 개성이고 당근이고 토마토이다. 따로 혹은 함께 무엇을 만들어낼지는 그곳에 사는 사람들의 몫이다.

코리빙과 코워킹의 개념을 융합해놓은 로컬스티치에는 '네가 사랑하는 일을 하라$^{Tu\ was\ du\ liebst}$'는 모토에 충실한 디지털 노마드들이 머물고 있다. 로컬스티치는 그 이름 그대로 각자의 색깔로 로컬 라이프를 즐기며 서로를 인정하며 연결하는 숨통 트이는 네트워크를 형성한다.

각 지점이 자리한 동네의 특성이 공간 콘셉트가 된다. 로컬스티치는 그 안에서 생활하는 노마드들의 개성과 역량을 그대로 담아내는 샐러드 볼이다. 그 샐러드 볼이 때때로 독특한 개성들의 조합을 통해 세상을 놀래키는 '매직 볼$^{Magic\ Bowl}$'이 되어주기도 한다.

○
호텔 앞 골목은 로비

로컬스티치의 김수민 대표를 처음 만난 것은 2020년, 몸담은 대학원의 연합 특강 자리에서다. 7년 차 대표일 텐데 그의 첫인상은 스타트업 창업을 한창 기획 중인, 설렘 가득한 청년 같았다. 그러나 그 유쾌한 열정 내면은 나름의 경험과 연륜으로 채워져 있었

보안1942(보안여관)과 함께 진행한 전시, ⓒ 로컬스티치

다. 그의 자신감 있는 목소리에 이끌려 학생들은 모두 생소하지만 흥미로운 비즈니스 세계로 빨려 들어갔다.

로컬스티치는 2013년 9월, 서울 마포구 서교동의 주택을 개조한 '동네호텔'로 출발했다. 동네호텔은 여행자들이 묵을 숙소를 인근의 세탁소, 빵집 등 작은 가게들과 연계한 흥미로운 콘셉트의 스타트업이었다.

프리랜서와 외국 여행객들에게 여행지를 동네 사람처럼 생활하면서 체험해볼 색다른 경험을 선사해줬다. 동시에 동네 상권도 활성화되었다. 동네호텔을 통한 실험과 경험은 향후 펼쳐지는 로컬스티치 비즈니스 모델 확장의 단초가 되었다.

김 대표는 서울대학교 독문과를 3학년 때 자퇴하고 28세 때 홍익대학교 건축학과에 입학했다. 남들보다 늦은 나이에 다시 대학생이 되었기 때문에 처음부터 창업을 계획했다. 건축학과 재학 중 동기들과 2009년에 소셜벤처 스튜디오 '씨디티앤토'를 설립했다.

2013년 사명을 로컬디자인무브먼트로 변경하고 로컬디자인무브먼트 첫 프로젝트인 마을호텔을 오픈했다. 오픈 때부터 지금까지 줄곧 공간 기획과 디자인은 김 대표가 직접 계획하고 실행하고 있다.

'씨디티앤토'에서는 작은 가게나 사회적 기업의 공간 프로젝트를 많이 진행했다. 적은 예산의 소규모 프로젝트들이었는데, 그래서 오히려 실험적인 시도를 할 수 있었다. 프로젝트 하나하나가 지금의 로컬스티치를 위한 현장 수업이 되어주었다.

'호텔 앞 골목을 로비라고 생각해주세요.'
'아침은 호텔 옆에 있는 식당에서 드실 수 있습니다.'

로컬스티치 크리에이터 타운 서교, ⓒ 로컬스티치

　이러한 안내를 처음 보았을 때 고객들은 의아해했다. 하지만 곧 외지인인 고객들은 이러한 설정에 재미를 붙이고 나름대로 동네생활을 만들어갔다. 마을 호텔에 장기간 체류하는 고객들이 서로 도움을 주고받으며 일과 생활을 꾸려나갔다.

　김 대표는 그 모습을 보고 가까운 미래에 사람들의 일하는 방식이 바뀔 것임을 직감했다. 그는 마을 호텔을 운영하면서 더 큰 계획을 세워나갔다. 일과 생활을 결합하는 비즈니스 모델에 대한 확신을 갖게 되면서 해외 사례들을 공부하기 시작했다.

그렇게 마을 호텔은 로컬스티치의 시발점이 되었다. 로컬스티치에서의 생활을 경험한 고객들이 스스로 홍보대사가 되어 입소문을 내주기 시작했다. 객실이 다 차고, 대기자가 생겼다. 2017년 2호점을 오픈할 즈음에는 입주 대기자들에게 3개월 선금을 받을 수 있었고, 외부에서 펀딩도 받을 만큼 성장해 있었다.

창업하고 사업을 키워나가는 것은 누구에게나 어려운 일이지만, 특히 디자이너 출신의 대표들은 경영자로서 강점과 약점을 동시에 가지고 있다. 자칫 부족하기 쉬운 합리적인 판단 능력을 그는 건축 디자인을 전공하면서 배운 디자인 씽킹 프로세스를 활용하여 보완했다. 문제 설정, 가용 자원 배분 그리고 문제해결 과정을 실제 사업에서의 어려움을 헤쳐가는 데 접목했다.

디자인 씽킹 방법의 적용은 처음에는 시간이 더 걸리는 것처럼 느껴지지만 여러 관점에서 생각할 수 있어서 리스크를 최소화하는 데 큰 도움이 되었다. 사업은 혼자만의 일이 아니라 직원들과 그 가족까지도 생각해야 하는 것이기에 최대한 데이터를 기반으로 신중히 결정하려고 노력했다. 동시에 빠른 선택과 집중을 잊지 않았던 것이 지금의 성과를 만들어주었다.

생각은 형태를 가지고 있지 않다. 하지만 사회의 관습과 선입견은 개인의 생각에 틀을 만들곤 한다. 만약 김 대표가 그 생각의 틀을 그대로 답습했다면 오늘의 로컬스티치는 존재하지 않았을 것이다.

골목 입구를 호텔의 정문으로 확장시킨 김 대표의 창의적인 시각, 그 어안렌즈는 익숙한 골목을 이방인의 눈으로 새롭게 프레임해주었다. 평생을 살았던 도시를 여행자의 설레는 마음으로 살아보고 싶어지도록 만들어준 그는 스스로를 '로컬 디자이너'라고 부른다.

○
**사람 더하기 사람,
로컬스티치**

로컬스티치는 코워킹 스페이스의 진화된 비즈니스 모델이다. 하지만 근본적인 차이가 있다. 공유 오피스의 경우 사람들이 모여서 일하는 '오피스'에 방점이 찍혀 있지만, 로컬스티치는 '사람들'이 함께 만들어가는 공간이라는 의미가 더 강하다.

개인의 특성을 맛깔스럽게 담아내는 그릇, 로컬스티치는 지점마다 그 질감과 색깔이 다르다. 공통점은 주로 오래된 건물이나 유휴 공간을 리모델링하여 활용한다는 것이고, 지역이 가지고 있는 본래의 특성을 그대로 살려내려고 노력한다는 점이다.

로컬스티치는 단순히 공간 대여업이 아니다. 단순한 리빙과 워킹의 결합이 아니라 입주자의 재능과 역량을 펼칠 기회의 공간이다. 입주자와 함께 새로운 사업을 도모하고 수익을 만들어내기도 한다.

리빙과 워킹을 위한 공간대여와 입주 사업자들의 브랜딩 등 비즈니스 모델 개발 서비스 등도 로컬스티치의 주 비즈니스 영역이다. 개개인의 개성에 주목하고 함께 새로운 그림을 그려낸다. 주로 1인 창업가나 스타트업 종사자, 프리랜서들이 로컬스티치에서 거주하면서 일하고 성장한다.

성산점에 입주하여 1인 여행사를 운영하던 한 크리에이터는 연희점에 여행 전문 서점을 내기도 했다. 어릴 때 스페인으로 이민 가서 요리사로 일하던 한 입주자는 성산점에서 공유 주방을 빌리는 대신 6개월간 다른 입주자들의 점심을 책임졌다. 미슐랭 투스타 식당에서 일하던 요리사의 요리를 입주자들은 2천 원 정도의 가격으로 즐길 수 있었다.

함께 거주하는 플로리스트와 패션디자이너가 만나 웨딩 비즈니스 모델을 만들어내기도 하고, 베이킹이나 커피 또는 제품 브랜드들의 팝업이 로컬스티치 공간 안에서 진행되기도 한다.

로컬스티치에서는 멤버들을 위한 다양한 커스터마이징 서비스가 계속 확장되고 있다. 농가에서 정기적으로 혼자서는 사 먹기

로컬스티치 크리에이터 타운 서교에서 매월 첫째 주 월요일 열리는 '마르쉐 채소시장', ⓒ 로컬스티치

어려운 과일들은 공급받아 나누기도 하고, 같은 취미를 공유하는 커뮤니티도 활발히 한다. 스몰비지니스를 위한 협업과 테스트 등 새로운 이벤트 제안은 늘 열려 있다. 시너지를 낼 수 있는 생태계가 자연스럽게 일상의 터전에 펼쳐진다.

로컬스티치는 공간을 기반으로 하고 있기에 부동산을 효율적이고 창의적으로 사용하는 것에서부터 출발한다. 로컬스티치가 들어서면 새로 염색한 실로 다시 꿰맨, 오래된 보자기처럼 새로운 에너지가 주변 공간을 채워낸다. 입주자들과 동료 그리고 그들의 사업 파트너까지 그 공간에 함께하면서 그 지점만의 아이덴티티가 완성된다.

대부분 노후된 꼬마빌딩을 리뉴얼하여 문을 열기 때문에 지점 중 몇몇은 위치가 대로변이 아닌 데도 있다. 약수점처럼 찾아오기 어려운 경우는 오히려 아지트 같은 느낌이 나기도 한다. 시간이 멈춰버린 듯한 동네에 반전 매력을 선사한다. 그러다 보니 건축주가 먼저 사업을 제안하기도 하고 함께 투자해 비즈니스를 만들어간다. 로컬스티치가 만들어내는 공간과 지역 활성화에 기대를 거는 것이다.

흔히 갈등이 있거나 배타적인 사이인 건축주와 임대인 관계를 로컬스티치는 새롭게 써 내려간다. 공간은 콘텐츠로 구성되고, 콘텐츠는 사람이 만든다. 입주자 각자가 콘텐츠가 되어 공간을 더 활기 있고 가치 있게 만들어간다.

로컬스티치에는 스몰비즈니스를 위한 매니지먼트 플랫폼, 내일 상점이 있다. 입주자들이 만나 교류하는 과정에서 협업하거나 새로운 비즈니스 모델을 기획한다. 멤버들이 아이디어를 신속하고 부담 없이 실험하고 검증해볼 수 있는 시스템이다. 이를 통해 10개의 브랜드가 탄생했으며, 최소 100명이 넘는 개인 크리에이터가 탄생했다.

소공점 내 유월 커피, 베이커리 스티치, 찰스 바버숍 등 대부분

내부 F&B 브랜드는 입주자와 함께 론칭한 브랜드들이다. 입주자의 가능성과 강점을 눈여겨보고 함께 고민하며 실현을 지원하는 것은 로컬스티치만이 가진 브랜드 가치다.

이러한 비즈니스 크리에이티브는 결국 사람에 대한 애정에서 나온다. 가능성은 애정이라는 콩깍지 렌즈를 껴야 더 선명히 보인다. 일과 삶을 만들어 함께 연결해가는 곳, 숨 쉴 틈 있는 느슨한 관계에서 '함 해보지, 뭐!' 하는 실험정신이 자연스럽게 발현되는 곳. 사람과 사람이 만나 아름다운 삶의 궤적을 연결해 나아가는 곳이 바로 로컬스티치다.

○
로컬 속 로컬, 하나로 퉁칠 수 없는 저마다의 이야기

최근 몇 년 공유 오피스와 공유 주거가 부동산 시장의 주요 화두로 떠올랐다. 스타트업 기업들이 늘어나 새로운 공간에 대한 니즈도 함께 증가되었다. 거기에 일의 형태와 일하는 방식, 공간에 대한 고정관념의 변화 등이 공유 공간 비지니스 확산을 가속화했다.

대기업까지도 공유 오피스 시장에 뛰어들어 등 한차례 큰 파도가 일고, 코로나19 사태 이후 재택근무로 업무공간의 니즈가 감소

로컬스티치 회현, ⓒ 아프로_이 스튜디오

로컬스티치 통영, ⓒ 로컬스티치

하는 등의 급속한 환경변화가 있었다. 그 과정에서 성패가 갈리고 있으나 전체 시장 규모는 2024년 현재 계속 증가하고 있다. 그 안에서 로컬스티치는 독자적인 콘텐츠로 자신만의 색깔로 질적, 양적 확장을 하고 있다.

 2015년 국내 최초로 리빙과 워킹이 융합된 비즈니스 모델을 선보인 후 잠시도 멈추지 않고 새로운 시도를 거듭하며 성장해왔다. 로컬스티치는 서교점을 시작으로 서울 전역에 지점을 열며 성장했다. 라이프스타일이 바뀌면서 서울 외 지역에도 로컬스티치 지점이 생겨났다. 2013년 처음 동네호텔로 시작한 지 10년 만에 30개가 넘는 지점이 운영되고 있고, 2024년 현재 로컬스티치 멤버는 2,000명이 훌쩍 넘어 빠른 속도로 증가했다.

 로컬스티치의 스몰 브랜드를 위한 비즈니스 모델과 실험적 콘텐츠는 계속 진화해오고 있지만 그들에게는 변하지 않는 철학이 있다.

 첫 번째는 '덜 쓴다'이다. 이러한 철학은 직접 기획하고 실행하는 공간 디자인에서 제일 먼저 발견할 수 있다. 로컬스티치는 MZ세대들에게 디자인으로 유명한 코워킹 브랜드지만 정작 김 대표는 디자인 콘셉트는 거창한 것이 아니라고 말한다. 본래의 공간에서 필요한 부분을 뺀 나머지를 덜어내고, 목적에 맞는 기능을 더한다는 단순한 생각으로 접근한다.

로컬스티치가 리뉴얼하는 오래된 건물들에는 지금은 볼 수 없는 독특한 형태의 디테일 등이 살아 있는데, 그것들을 유지하려고 노력한다. 예전에 만들어진 것들이 가지고 있는, 따라 할 수 없는 진정성과 독창성을 그는 사랑한다.

두 번째는 '표준화하지 않는다'이다. 공간 기획이나 구성, 프로그램 등의 업무가 다양하지만, 효율만을 위해 공간구성과 스타일을 획일화하지 않았다. 마케팅 부서를 따로 두지 않고 디자인의 경우 로컬스티치의 디자인랩인 '로컬디자인무브먼트'가 대부분 담당한다. 내부 홍보물도 사진가인 입주자, 광고업계에 종사하는 입주자와 함께 만드는 방식으로 진행한다.

비즈니스 모델의 개발과 운영 자체를 입주자들과 함께 순발력 있게 만들어간다. 로컬스티치 탄생 자체가 지역의 문화를 활용하고 활성화한다는 사명을 가지고 있고, 로컬스티치의 각 지점에서 생활하고 있는 멤버들이야말로 살아 있는 로컬 콘텐츠이기 때문이다.

세 번째는 '입주자와 상생하며 수익을 창출하겠다'이다. 이 장기적 목표를 위한 시스템 구축의 노하우도 계속 쌓아가고 있다. 성장까지 함께하는 과정은 세심한 관찰과 구체적 행동 방안이 필요하지만, 너무 적극적인 개입은 하지 않는 것을 방침으로 한다. 크리에이터의 오리지널리티를 지키고 그들의 판단을 존중한다.

로컬스티치는 각 지역의 특성을 최대한 담아내려고 노력한다. 가장 큰 규모인 크리에이터 타운 서교는 도시 생산자들과 스타트업, 작은 브랜드를 만드는 사람들이 모여 함께 살고, 일하며 다양한 실험을 할 수 있는 지점이다. 296개의 프라이빗 룸, 코워킹 공간, 응접실, 공유 주방, 운동실, 세탁실, 카페, 반려견 목욕실 등 크리에이티브한 라이프 스타일을 즐길 다양한 공간이 트렌디한 디자인으로 구성되어 있다.

로컬스티치 약수점은 광고대행사 '코마코' 건물을 리뉴얼했다. 충무로와 가까워 영화인이나 사진작가를 위한 시사회 공간도 마련되어 있다. 다른 지점에는 없는 매거진 서가도 있다. 구석구석에 영감을 받을 수 있는 공간 마련의 노력이 엿보인다.

남대문 시장을 바로 앞에 둔 회현점은 리테일에 집중했다. 독특한 스토리가 있는 11개의 스몰 브랜드가 입점해 있다. 동네의 오래된 6채의 건물을 하나의 테마로 연결하여 리모델링했다. 건물 내, 외부를 최대한 보존했는데 이전에 있었던 세탁소와 이발소 간판도 그대로 있다. 다른 지점처럼 코워킹과 코리빙을 결합한 구조는 아니지만 크리에이터를 지원하고 상생하고자 하는 로컬스티치의 방향성을 잘 보여주고 있다.

이 밖에도 로컬스티치 각 지점은 지역의 특성을 크리에이티브하게 담아내고 있어, 멤버십을 통해 각 지점을 경험하며 '로컬 속

로컬스티치 회현, © 로컬스티치

의 로컬'의 색다른 체험과 영감을 얻을 수 있다.

    공간에 사용자의 시간과 체험이 녹아들면 '장소성'을 가지게 된다. 하나의 공간이 이용자들의 사회적 관계를 통해 의미가 형성되면 그들만의 문화가 만들어진다. 문화가 창출되고 발효되는 공간, 로컬스티치는 문화와 삶의 형태, 비즈니스의 성장 등 이 시대의 새로운 라이프 스타일을 담아내는 그릇이다. 하나로 통칠 수 없는 저마다의 이야기들, 지점마다 살아 숨 쉬는 콘텐츠들이 샐러드처럼 싱싱하게 젊은 하루를 채워간다.

김 대표는 다세대 주택을 리모델링하여 생활하고 그 외 필요한 공간은 로컬스티치 클러스터를 활용하는 계획을 가지고 있다. 코리빙, 코워킹과 연계한 모든 아이템을 사업화해보고 싶어 한다. 입주자가 먹고 마시고 자고 놀고 입는 모든 행위를 구조화하는 사업 모델을 구상한다. 침구나 잠옷 같은 수면 관련 브랜드를 론칭하는 것도 생각해본다. 먼저 F&B 분야에 집중하여 동네 슈퍼마켓 형태로 입주자가 제공할 수 있는 제철 과일이나 원두 등의 제품을 각 지점이 위치한 지역에서 제공할 구체적 계획도 이야기한다.

2020년 강의실에서 만났을 때보다 훨씬 크고 깊은 사업가가 되었지만, 아직도 김 대표는 자신이 생각한 것들을 '함 해보는' 중이다. 아직도 '꿈꾸고 실행하는' 중이다. 그는 '아직도'라는 말이 내포하고 있는 시간의 한계성을 보기 좋게 격파하고 계속 실험하며 게임 속 히어로처럼 새로운 문화도시를 건설해 나아갈 것이다. 어디로 뛸지 모르는 그의 미래가 고맙다.

나는 다시 꿈속으로 돌아가 내가 담긴 샐러드 볼에서 맹활약을 한다, 덕분에.

펜두카

과거 성수동 매장, ⓒ 펜두카

○
'여기가 맞는데…'

    희망의 이야기로 책을 마무리하고 싶어서 '연결과 확장'의 의미를 담은 밝고 울림 있는 브랜드 스토리를 찾다가 '펜두카'를 발견했다. 너무 기뻤다. 스토리도, 제품도, 사람들도 모두 아름다웠다. 지구 저편과 연결되어 있다는 것이 이렇게 따뜻하고 흥겨울 수가 없었다. 아름다운 브랜드를 만나 그 이야기를 써 내려갈 때면 나도 모르게 깨알같이 웃고 다닌다. 주변 사람들이 연애하는 사람 같다고 말한다.

    그렇게 행복하게 며칠을 보내며 책상 위에서의 자료조사를 마치고, 초고의 흐름도를 작성하고 성수동 매장으로 향했다. 주소와 위치를 재차 확인하고 택시에서 내렸다. 길눈이 보통보다 많이 어두운 관계로 같은 골목을 돌고, 또 돌았다. 이때까지는 한 치의 의심도 없이 나의 방향감각에 익숙한 조롱을 던졌다.

'여기가 맞는데…… 분명히 여기 있어야 하는데…….'

펜두카 매장이 있어야 할 자리엔 다른 매장이 들어서 있었다. 매장 외벽 왼쪽 코너, 사진에서 본 존재를 뽐내던 네온사인 로고는 온데간데없고 길고 새하얀 벽이 창백한 맨얼굴로 골목을 지키고 있었다. 팬두카가 성수동 변화의 급물살과 온몸으로 대치하는 과정을 다 지켜본 흰 벽돌 벽은 하얗게 마른 입술을 굳게 다물고 있었다.

성수동 펜두카 매장은 2014년에 오픈해서 2023년까지 10년 동안 운영되었다. 처음 오픈 당시 성수동은 소셜벤처, 임팩트 비즈니스의 허브 같은 곳이었고, 펜두카 역시 그곳에 자리를 잡았다. 10년 동안 성수에 입성한 브랜드들의 변화는 놀라웠고 임대료의 변화는 더욱 놀라웠다. 펜두카를 응원해주는 건물주 덕분에 10년은 잘 버텼지만, 그다음 10년을 성수에서 살아남게 할 재계약은 현실적으로 불가능했다.

펜두카의 부재를 직접 눈으로 확인한 순간, 가슴이 휑하고 쓰렸다. 동네가 동네이니만큼 의사에게 진단받지 않아도 알 수 있는 명확한 병명이었다. 온 국민이 아는 통증, 젠트리피케이션!

'젠트리피케이션gentrification'은 도심의 낙후 지역이 급속히 발전되면서 외부인과 자본이 유입되어 임대료가 상승하고, 원래 지역 주민들이 밀려나는 현상을 말한다. 소위 '핫플'들은 젠트리피케이션 현상으로 모두 누군가의 뜨거운 눈물을 밟고 서 있다. 홍대도,

성수동도, 연남동도 안타까운 사연들을 거름 삼아 쑥쑥 자란 도시다.

'젠트리피케이션'이라는 단어가 익숙해진 요즘의 경제 상황은 우리에게 '불감'의 근육을 발달시켜주었다. 이제 젠트리피케이션을 '식상한 사회현상'으로 받아들이는 딱한 지경이 되었다. 10년 전 젊은 사회사업가들이 하나둘 성수동에 자리를 잡던 때처럼 그들은 다시 하나둘 성수동을 떠나갔다. 그 아쉬운 행렬 중 하나가 펜두카다.

펜두카의 보이지 않는 흔적만 마음에 안고 돌아오던 길, 지하철역 근처 문구 편집숍에서 만년필을 샀다. 그냥 집으로 가기는 허탈해 뭐라도 해야 했다. 만년필은 디자인도 가격대도 종류가 너무 다양해 한참을 고민했다. 일상을 함께할 물건이라 신중하게 골랐다. 몇 가지 색깔 잉크도 샀다.

펜두카를 직접 만나지 못한 섭섭한 마음이 깔려 있어서 그런지 세피아, 버건디, 카키 같은 무게 있는 색들이 눈에 걸렸다. 오늘의 내 마음 같은 색들이라 더 진득이 들러붙어 그들은 집까지 나를 따라왔다. 허탈한 마음에 조금 위로가 되어주었다.

하루를 마치고 성수동 출신 만년필로 일기를 쓴다. 오늘의 서늘했던 내 마음에 컬러 잉크로 군불을 지펴본다. 지구 반대편 나미비아에서는 펜두카의 생활 예술가들이 바늘과 색색의 실로 고단했던 하루를 한 땀 한 땀 써 내려가고, 나도 내 마음같이 채도 낮은 색깔로 일상을 기록한다.

○
'Song'은 열일 중

펜두카는 대기업과 자본시장의 화려한 무대가 되어버린 성수동에서 일 보 후퇴했으나 오랜 기간 고객의 사랑을 바탕으로 온라인 플랫폼에서 굳건히 브랜드의 존재를 이어가고 있다. 생생히 숨 쉬고 있는 펜두카의 이야기를 들려줄 수 있어서 정말 다행이다.

펜두카를 한국에 처음 소개한 기업은 임주환 대표가 운영했던 '더페어스토리'이다. 더페어스토리는 공정무역 브랜드들을 국내에 소개하는 일을 했다. 현재는 더페어스토리 창립 때부터 마케팅과 커뮤니케이션을 담당했던 김송이 대표가 펜두카를 운영하고 있다.

김 대표는 미국에서 국제경영을 전공했다. 어느 날 암흑 속에 손전등이 비치듯 전공과목 텍스트북 한 귀퉁이에 있는 '공정무역'이라는 단어가 눈에 확 들어왔다. 그 작은 글씨에 꿈꾸듯 이끌려 공정무역에 대해 알아보게 됐고 일본의 공정무역 기업에서 인턴을 하게 됐다. 그 기업은 공정무역이 막 시작되고 있던 한국 회사들을 자문해주던 회사였다.

　인턴을 마치고 그 경험을 토대로 한국의 공정무역 기업에서 커리어를 시작했다. 주요 업무는 한국의 디자인팀과 생산자 사이에서 제품이 디자인되기까지의 과정을 핸들링하는 일이었다. 정말 열심히 일했으나 공정무역의 인식조차 정립되지 않던 그 시절, 한국 공정무역 기업에서의 첫 직장생활에 한계에 부딪혔다.

　고뇌와 회의가 밀려와 좀 더 많은 경험을 해보고자 일반 기업으로 이직했다. 그 후 출산과 육아로 잠시 일을 쉬게 되었다. 그러던 어느 날, 첫 직장에서 파트너로 함께 일한 임주환 대표로부터 더페어스토리로 합류해달라는 제안을 받았다.

　처음 파트타임 근무로 시작한 일이 지금 펜두카 대표직까지 이어져 나미비아와 한국의 메신저 역할을 하고 있다. 그렇게 운명처럼 '공정무역'의 대표 브랜드들 중 하나인 펜두카를 이끌어 나아가는 리더가 되었다.

　다음 페이지의 사진 속 작품은 더 페어 스토리 직원들이 나미비아로 출장을 갔을 때 나미비아 펜두카 구성원들이 환영의 선물로 놓아준 손자수의 일부다. 작품 속에서 모두가 즐거운 시간을 보내는 중 'song'은 혼자 열일 중이다. 이 선물을 받았을 때 김송이 대표는 '왜 나만 일하고 있냐'고 장난스러운 항의를 했었는데, 어쩌면 그들이 그녀의 미래를 내다본 걸지도 모르겠다. 몇 년이 지난 지금 김송이 대표는 혼자 펜두카를 운영하고 있다.

공정무역은 세계 무역시장의 공정하지 않은 관행을 개선하고자 시작되었다. 세계 무역시장이 소수 글로벌 기업의 최대한의 이

나미비아의 펜두카 구성원들이 환영의 선물로 놓아준 손자수. 혼자 일하고 있는 'Song'. © 펜두카

익 추구를 위해 생산비용보다도 낮은 가격으로 공급을 강요하고 있는 현실을 개선하고자 함이다. 영세한 생산자와 노동자들의 낮은 임금과 노동 착취를 보호하는 것이 목적이다.

공정무역의 궁극적 미션은 공정한 과정의 거래를 통해 생산자들이 생계를 유지하고 그 과정에서 그들이 스스로 미래를 설계할 수 있도록 잠재력을 개발하는 것이다. 그래서 공정무역에서 가장 중요한 것은 생산자와 소비자의 연결이다.

그 연결은 '도움이 아닌 거래'여야 한다는 것이 더페어스토리의 신념이었고, 그것을 김송이 대표가 이어가고 있다. 공정한 거래에 기반한 단단한 관계가 생산자에게 지속 가능한 발전과 미래의 삶의 질을 개선할 수 있기 때문이다.

펜두카는 남아프리카 나미비아의 빈민, 장애 여성들의 자립을 돕는 공정무역 브랜드이다. 나미비아 여성들이 그들이 가지고 있는 재능을 발휘하여 스스로 일어설 방법을 제시하고 지원하고 있다.

동정심이 아닌 파트너의 입장에서 그들의 가치와 가능성을 알리고 그들의 성장을 돕는다. 펜두카의 비즈니스 모델이 작은 불씨가 되어, 어려움에 처한 이들이 자긍심을 되찾고 삶을 재건하는 다양한 방법이 전 세계로 확산되길 기대해본다.

자신의 재능으로
스스로를 깨우다

'펜두카'는 나미비아 말로 'wake up'이라는 뜻이다. 펜두카는 가난과 병으로 일할 기회를 부여받지 못한 여성들에게 그들의 재능을 살려 스스로 살아갈 수 있도록 도움을 주고 있다. 생계에 도움을 주고 나아가 자존감을 키워주고자 하는 의지가 '펜두카'라는 이름에 녹아 있다.

펜두카는 1992년 나미비아로 봉사활동을 떠났던 네덜란드 디자이너 크리스틴 루스에 의해 창립되었다. 처음에 장애인을 위한 센터에서 봉사를 시작한 그녀는 나미비아 사람들의 백인에 대한 심리적 거리감을 좁히기 위해 인류학 공부를 시작했다.

개인 인터뷰를 하며 가까워지면서 나미비아 여성들에게 특히 도움이 필요함을 느꼈다. 극심한 가난에 장애까지 있는 여성의 삶은 무척 어려웠다. 남성들이 일상의 모든 지시를 했다. 여성들은 매우 의존적이었는데, 자신감과 삶의 의욕이 저하되어 있었다. 크리스틴이 여성들에게 무엇을 하고 싶냐고 물으면, 무엇을 해야 할지 알려달라는 말이 돌아왔다. '희망'이라는 단어는 그들과는 무관했다.

펜두카 제품, ⓒ 펜두카

그녀는 장애인 센터에서 나와 여성만을 위한 단체를 만들었다. 손재주가 있음에도 사회적 구조로 인해 극심한 가난에서 벗어나지 못하는 여성들을 위해 자수로 수공예품을 만들어 판매하는 공동체를 만들었다.

현재 펜두카에는 300명이 넘는 여성이 제작에 참여하고 있으며, 5,000여 명의 여성들이 직간접적으로 그 혜택을 받고 있다. 그만큼 펜두카는 그곳 사회에서 큰 역할을 하고 있다. 작업장 내부에는 생산 공정이 분리되어 있는데 유리구슬 팀, 바느질 팀 등 다양한 팀이 있다. 그곳에서 만들어진 수작업 제작물들은 남아프리카, 한국, 일본, 프랑스, 노르웨이, 네덜란드 등으로 수출되고 있다.

아프리카의 많은 지역이 그렇듯, 나미비아도 여성들이 인권 문제와 불공정한 사회 분위기 속에서 어려움을 겪고 있다. 나미비아는 극빈국인 동시에 극단적으로 남성 지배적 문화를 가진 나라다. 여성들만이 아이들을 돌보아야 한다는 고정관념 또한 경제활동에 발목을 잡는다. 공정무역도 농수산물 거래가 많아 상대적으로 육체적으로 힘이 약한 여성들은 참여 기회가 적다.

여성들의 장점인 섬세함과 색채감각이 요구되는 펜두카의 사업 모델은 나미비아 여성의 어려운 현실을 돌파하는 아름다운 해결책이 되었다. 펜두카에서는 서구사회나 다른 문화의 지역에서는 모방하기 힘든 아프리카만의 감성이 담긴 독특하고 매력적인 제품

펜두카 제품, ⓒ 펜두카

을 생산해내고 있다. 펜두카의 제품은 밑그림 없이 하나하나 손으로 수가 놓아진다. 그래서 똑같은 제품은 단 하나도 없다.

펜두카의 작업장은 아름답다. 여성들이 만들어내는 작업물도 아름답고, 아이들이 뛰노는 일터도 아름답다. 그곳에서 일하고 있는 나미비아 여성들의 얼굴에서 지난날 어둡고 기죽은 모습은 찾아볼 수 없다. 좋아하는 일을 하면서 경제활동을 하고 있으니 제대로 '덕업일치'를 실현하고 있는 셈이다. 창립자 크리스틴 루스의

펜두카 제품, ⓒ 펜두카

바람대로 그들은 자신의 재능으로 스스로 깨우고 있으며 그 작품들은 세계로 퍼져나가며 여운을 남기고 있다.

　한 땀 한 땀 자수를 놓는 시간은 그들의 고단함 삶을 승화시키고 여유로움을 찾는 아주 개인적인 의식의 시간이다. 그들은 자신의 일과를 손자수로 써 내려간다. '새 모이 준 날', '교회 간 날', '농사일한 날' 등 일상의 소소한 기쁨과 하루의 고단함도 담담히 자수로 표현된다. 자수를 놓는 사람마다 다른 느낌과 색감은 펜두카 제품이 갖는 최고의 매력이다.

펜두카 제품, ⓒ 펜두카

펜두카의 손자수도 나태주 시인의 글처럼 자세히 봐야 예쁘다. 자세히 볼수록 더 예쁘다. 자세히 보면 하나하나의 사물에서 나미비아의 이야기가 다가온다. 지구 반대편에 사는 친구의 하루가 고스란히 전달된다. 그들이 써 내려간 일상은 멀리 있는 우리에게 따뜻하게 옮겨와 위로와 웃음이 된다.

◯
수천 가지 다른 일상,
함께 부르는 하나의 노래

선한 의도로 만들어진 브랜드라도 사업의 지속성을 위해서 수익 창출은 필수적이다. 착한 제품을 구매하려는 고객들의 마음은 분명히 존재하지만, 제품에 만족하고 재구매하려는 의사를 갖게 하기 위해서는 많은 노력이 필요하다. 그 갭을 기업의 경험과 인내로 메꿔가야 한다. 디자인과 기획이 제품의 완성도와 확산을 견인한다. 가치로움을 더 가치 있게 만들어준다.

펜두카는 네덜란드 '디자인 아카데미 아인트호벤 Design Academy Eindhoven'의 교환학생들이 나미비아 현지에 머물며 진행한 디자인 협업을 통해 운영에 활력을 더했다. 졸업생 중 일부는 '펜두카'를 주제로 논문을 쓰기도 했다. 그 후에도 펜두카에서 인턴을 희망하거나 인연을 맺은 사람들은 벨기에 등 유럽 각 지역에서 펜두카를 알리는 활동을 하고 있다.

이러한 협업이 펜두카 제품디자인의 품질을 높여주기도 했지만, 그 근간은 펜두카 구성원들의 열정과 감각이다. 작업을 하는 구성원들 모두 예술을 사랑하고 밑그림 없이 상상만으로 수를 놓을 만큼 재능이 뛰어나다.

외부에서 손님이 찾아오면 노래와 춤으로 환영해주는 나미비아 문화, ⓒ 펜두카

작업요청서를 만들 때, 용도와 크기 등을 구체적으로 적어 전달하면 펜두카 구성원들이 수를 놓고 후가공 재봉질을 한다. 대부분의 경우 완제품으로 들어오지만, 때때로 자수가 놓인 재단된 원단을 받아 국내에서 액자를 만드는 등 후반 작업을 하기도 한다.

김 대표는 평소에는 공장 관리자를 통해 소통하지만 1년에 한두 차례는 나미비아를 방문하여 직접 작업하는 여성들과 소통한다. 소통과 공감이 더 좋은 제품을 만들어간다. 소비자의 취향과 요구에 대해 귀 기울여야 하고, 생산하는 이들의 마음과 현실 그리고 강점들도 잘 파악해야 한다. 지구 저편 나미비아의 여인들이 전하는 이야기를 소중하게 전달하고, 지구 이편에서 그 이야기를 듣는 이들의 감동과 감사를 다시 전달하는 메신저 역할을 부지런히 해주고 있다.

김 대표는 펜두카의 스토리와 제품의 매력이 유일무이하다고 말한다. 그녀는 나미비아 방문을 '뽕 출장'이라고 부른다. 한 번 나미비아를 방문하고 나면 그들의 진심 어린 환영과 감사의 얼굴이 오랫동안 눈에 아른거린다. 그곳의 사람들 그리고 세상에 하나뿐인 아름다운 제품들과 사랑에 빠진다. 현실적 고민들은 나미비아에 도착하는 순간 일찰나에 잊히고, 의욕 만땅이 되어 한국으로 돌아오곤 한다.

성수동 플래그십 스토어가 운영되고 있을 때 한국의 주문량은 펜두카 구성원들에게 큰 도움이 되었다. 펜두카와 거래하는 유럽의 다른 나라들처럼 국가 보조를 받거나 NGO를 통해 수요가 창출되는 경우와 비즈니스 형태가 다르다. 한국에서는 펜두카의 자체 브랜드 충성도가 굳건히 구축되어 있다. 사랑받는 브랜드로서 스스로 지속성과 가치를 가지고 있다.

이제, 김 대표는 더페어스토리가 기업 차원에서 폐쇄적으로 운영되던 구조를 소통과 기회의 문을 여는 새로운 비즈니스 형태로 전환하고자 한다. 김 대표는 펜두카를 중심으로 커뮤니티가 생겼으면 하는 바람을 가지고 있다.

국내에는 오랜 기간 펜두카를 사랑해온 사람이 많이 있으니 그 사람들을 중심으로 함께 나미비아도 가고 국내에서 펀드레이징 fundraising 파티도 열고 자수 워크숍도 진행하기를 희망한다.

세일즈 방식도 기존의 틀에서 벗어나 '펜두카 이야기 보따리상' 형태로 계약을 통해 개인이 참여하는 방식도 고민하고 있다. 김 대표는 펜두카의 고유하고 매력적인 이야기가 계속 흐르고 퍼져나갈 수 있다면 어떤 아이디어든지 환영한다고 말한다.

나미비아의 펜두카 공간은 놀이와 생활과 예술이 공존한다. 펜두카 작업실에서는 지금 이 시간에도 소소한 일상들이 아름다운 자수로 다시 태어나고 있고, 놀이터에서는 아이들의 웃음소리가 청명하게 부서진다. 펜두카의 놀이터는 그 자체가 아트 캔버스다. 펜두카 구성원인 엄마들이 자신들의 아이들을 위해 손수 그리고 만든 세상에 하나밖에 없는 마음과 신체의 성장 예술 공간이다.

지난 주말, 화방에서 두 번째 만년필 잉크 쇼핑을 했다. 이번에는 노랑, 주황, 초록 그리고 맑은 하늘색 잉크와 함께 귀가했다. 펜두카와 함께할 수 있는 아이디어를 생각하다 보니 마음이 맑은 하

펜두카 작업공간 내 구성원들이 직접 꾸민 놀이터, ⓒ 펜두카

늘처럼 개어온다. 지난번 성수동에 갔던 날과는 완전히 다른 기분이다.

펜두카의 놀이터에서 아이들에게 응원가를 불러주는 채도 높은 색깔로 나의 놀이터인 책상을 채운다. 나도 그들처럼 긍정적인 마음으로 오늘 하루를 소중히 꾹꾹 눌러 적어 내려간다. 집필을 마치고 소소한 펜두카 전시를 기획해야겠다는 생각을 해본다. 무엇인가 해보고자 하는 마음에서 나오는 아이디어와 작은 용기가 지구 반대편의 우리를 서로 이어준다.

우리는 각자 수천 가지의 다른 일상을 살고 있지만, 저마다의 방법으로 노래 하나를 완성시킬 수 있다. 웃음과 미소가 하모니가 되고 아름다운 손자수가 축지술이 되어 인생이라는 두꺼운 책 속, 같은 페이지에서 서로 위로를 주고받는다.

나미비아와 마음의 거리가 옆 동네처럼 가까워지며 펜두카의 수놓는 여인들이 동네 아지매처럼 느껴진다. 박경리 소설 《토지》의 한 구절이 생각나는 저녁이다.
'이 사람들아! 사랑도 품앗이라 안 하더나.'

PART 5

우리 동네 ESG

―

안녕, 낯선사람 / 밤의서점 / 밴드 분리수거

안녕, 낯선사람

ⓒ 안녕, 낯선사람

○
반반지하가 건네는
나직한 아침 인사

오늘도 이른 출근을 하며 환영 인사를 받는다. 매일 지나치는 골목에서 카페 '안녕, 낯선사람'이 초면인 양 시치미를 떼고 환대한다. 철제로 만들어진 로고가 벽면에서 10센티미터쯤 튀어나와 있어, 그로 인해 생긴 회색 그림자가 이른 아침 환대의 계면쩍음을 중화해준다.

'안녕, 낯선사람'은 합정의 '인싸'답게 머리 손질에 진심이다. 간판 위로 폭포처럼 쏟아져 내리는 황매화의 풍성한 가지가 노랑, 초록으로 요란하게 염색하고 새로운 계절을 알린다.

창업하고 초기 1~2년은 매일 새벽, 이 길을 불투명한 미래의 '두려움'과 함께 걸었다. 그런데 회사가 어느 정도 정상궤도에 들어서니 이번엔 '외로움'이라는 불청객이 따라붙는다. 몹쓸 감정 불

한당들은 내 영혼을 털려고 줄을 서 있나 보다. 아니 원래부터 때로 다니는데 내 몸이 하나다 보니 한 번에 한 놈씩 상대 중이다.

오늘은 썩 괜찮은 컨디션이다. 승률 좋은 아침이다. 영화 속 주인공처럼 17:1로 잡스러운 감정들을 때려눕히고도 힘이 남아 길 위의 자갈을 발끝으로 툭 차면서 호기 있게 사무실로 향한다. 씩씩하게 걸어가는 모습이 제법 대표스럽다.

초등학교 1학년 때 어머니가 무릎을 굽히고 책가방을 메어주며 "다 챙겼지? 잘 다녀와" 하며 눈 맞춰준 아침 인사처럼 동네 카페 '안녕, 낯선사람'이 아침 인사를 해준다. 한 계단 아래에서 무릎을 굽히고 출근길 나의 어깨를 톡톡 두드려준다. 매일 지나가는 낯선 이에게 건네는 다정한 인사에 겨울 아침 찬바람 맞은 등줄기가 따습다.

'안녕, 낯선사람'은 단독주택의 차고를 개조하여 만들어진 공간이다. 내부가 한 계단 내려가 있어 살짝 고개를 숙이고 들어가게 되는데 낮은 천장이 주는 특유의 아늑함이 있다. 카페 출입구가 나 있는 골목은 살짝 경사가 져 있다. 그래서 카페 안 창문마다 보이는 지표면의 높이가 다르다. 지하이지만 내부에 세 개의 창이 나 있는데 창문마다 다른 뷰를 선사한다.

바깥 입구에서 한 계단 내려서는 순간, 세상과의 눈 맞춤 각도가 달라진다. 중심을 잡기 위해 몸의 무게가 앞으로 살짝 기울어지는 순간, 마치 누군가의 품 안으로 들어가는 듯한 느낌이 든다. 반반지하가 건네는 나직한 인사에 어깨에 걸려 있던 긴장이 자연스레 풀린다.

한 걸음 낮은 곳에서 겸손한 시선으로 세상을 바라보며, 지나가는 이들에게 따뜻한 온기를 전한다. 그 소박한 위로가 바쁜 일상 속 잠시 쉬어갈 틈을 마련해준다.

직접 절인 딸기청으로 만드는 '딸기라떼'는 아이스 음료이지만 사계절 내내 인기가 좋다. 그리고 커다란 바닐라 아이스크림이 얹어져 나오는 브라우니는 시골 동네 점방에서 금방 말아서 파는 김밥처럼 후덕하다. 진한 초코 향과 부드러운 식감이 마음과 배 속을 함께 채워줘 서러운 마음이 들 때 먹으면 금세 눈물방울 달고 함박웃음을 짓는 아이 같은 표정이 되곤 한다.

'안녕, 낯선사람'의 일등석은 단연 입구 정면 통유리 아래의 편안한 패브릭 쇼파다. 한 계단 아래에서 올려다보는 골목의 풍경은 색다르다. 뮤지컬 무대 맨 앞줄에 앉은 것 같은 느낌이 든다. 지나가는 모든 낯선 사람은 배우가 되어 각자 자기 역할을 하고 사라져간다.

이 자리는 비행기 비상구 칸 좌석처럼 편안하지만, 그에 따른 의무도 있다. 카페에서 밥만 먹고 가는 길고양이 곰식과 곰이 남매,

몇 년째 겨울에만 방문해 잠만 자고 가는 터줏대감 코로리를 맨 처음 맞이하는 자리다.

추운 계절 카페 문을 열어놓을 수 없을 때 문밖에서 야옹, 하고 울면 잽싸게 문을 열어줘야 하는 임무가 따른다. 문을 열어주면 그들은 들어와 자기 볼일을 보고 다시 갈 길을 간다.

창문 앞자리가 일등석인 또 하나의 이유는 바로 눈 앞에 펼쳐지는 젠틀몬스터 사옥의 가드닝 뷰이다. 비 오는 날 운치를 제대로 즐길 수도 있고, 빼곡히 시야 전체를 채우는 글라스갈대가 가을바람에 날리는 모습이 이른바 '킬포킬링포인트'다. 카페에서 작정하고 관리한 경치가 아닌 큰 창문 덕분에 '얻어걸린 뷰'여서 감동이 두 배다.

○
'안녕? 나 알지?
실례~ 아가 좀 낳을게~'

'안녕, 낯선사람'의 주인장 문혜진 대표는 환경조경디자인을 전공하고 조경 설계사무실에서 첫 직장생활을 했다. 대학 시절부터 공간을 채우고 디자인하는 일을 좋아했다. 마음속에 언젠가는 자신의 카페를 차리겠다는 막연한 꿈을 가지고 있다가 2011년 지금의 명당 자리를 발견하고는 얼른 들어앉았다.

순이(왼쪽)와 카페 안 창문에서 본 주인 할머니 댁 마당의 순이 가족(오른쪽), © 안녕, 낯선사람

카페 이름은 평소에 좋아하던 문구, 'Hello, Stranger'를 번역하여 달았다. 낯선 공간에서 낯선 일을 시작하는 자신의 마음을 그대로 대변하는 것 같아 마음에 들어 그대로 결정했다.

'안녕, 낯선사람'에는 나름의 추억을 가지고 있는 오픈 때부터 찾아주는 오래된 손님이 많다. 문 대표의 바람대로 이곳은 손님들에게 13년을 항상 아늑하게 맞이해주는 아지트 같은 공간이 되었다.

'안녕, 낯선사람'을 좋아하는 이유는 손님마다 다양하다. 테이블마다 놓여 있는 레트로 스타일 램프의 노란 불빛이 일하는 데 집중이 잘된다는 사람도 있고, 소파가 편안해서 나른한 오후에 쉬기 좋다는 사람, 아늑한 데이트 장소라는 사람 그리고 고양이 때문에 자주 오는 단골도 있다.

나름의 이유가 다 노력에 대한 평가이지만 고양이에 대한 이유는 전혀 의도한 바가 아니다. 문 대표는 열한 살 '낯선이'를 기르는 애견인이다. 고양이에 대해서는 아는 바도 관심도 전혀 없었다. 카페 '안녕, 낯선사람'이 고양이 때문에 사랑받으리라고는 전혀 예상치 못했다. 오히려 혹시라도 손님에게 불편을 끼치지 않을까 주의 깊게 살피곤 했다.

처음 카페를 오픈했을 때는 동네가 모두 단독주택이었고, 주인집을 제외하고는 마당마다 고양이들이 한두 마리씩 살고 있었다. 지금은 이 골목에 크고 작은 건물들이 들어서고 '안녕, 낯선사람'이 있는 주인집 단독주택만 덩그러니 남아 골목에서 오히려 낯선 풍경이 되었다.

주변 단독주택이 다 없어진 탓에 주인 할머니 댁 마당은 항상 길고양이들의 기차 간이역처럼 붐볐다. 대문 틈새로 들어와 햇볕을 쬐며 쉬기도 하고 자고 가기도 했다. 고양이를 싫어하시는 할머니에게 녀석들은 골칫거리였다.

그러던 어느 날, 동네 길고양이 중 유독 예쁘게 생긴 고양이 순이가 할머니 댁 마당에서 새끼를 낳았다. 새끼를 낳고 비쩍 마른 모습이 안쓰러워서 카페 창문 밖으로 손을 뻗쳐 새끼들에게 밥과, 순이에게는 영양제를 챙겨주었다. 그렇게 인연이 시작되었고 지금은 순이의 새끼 조랭이가 또 새끼를 낳아서 마당에서 살고 있다. 어쩌다 보니 3대를 돌보게 된 것이다.

문 대표가 고양이를 돌보기까지의 과정은 쉽지 않았다. 먼저 문 대표 자신도 고양이에 대해 아는 것이 없었고, 주인댁 마당은 사유지라서 출입도 자유롭지 않았으며, 무엇보다도 할머니가 고양이를 싫어하시는 게 가장 문제였다.

새를 유난히 좋아하시는 할머니는 상대적으로 고양이를 싫어하셔서 출산한 순이 가족에게 밥 주는 과정은 시작부터 쉽지 않았다. 마당을 아끼시는 할머니께 고양이 주변을 깨끗이 청소하고 중성화도 시키겠다고, 새끼들은 보호자를 찾아서 입양 보내겠다고 거듭 약속을 드렸다.

어렵게 할머니의 마음을 돌리려 무던히 애쓰던 어느 날, 사달이 났다. 밥 챙겨주는 문 대표가 고마웠던지 녀석들이 마당의 새를 잡아 창문 앞에 갖다 놓은 것이다. 그 바람에 단체로 쫓겨날 뻔한 아찔한 순간도 있었다.

우여곡절 속에서도 끈질긴 설득 끝에, "새들도, 고양이들도 다 생명인데 살아야것지" 하며 주인댁 할머니가 통 크게 양보해주셨다. 그 덕분에 순이 가족은 문 대표가 마련해준 작은 집에서 겨울을 따뜻하고 안전하게 날 수 있었다.

순이 가족은 그렇게 카페 창문으로 문 대표의 보살핌을 받고, 기거는 주인집 마당에서 하는, 먹고 사는 문제를 이원화한 금수저 마당냥이가 되었다. 요즘은 집 밖으로 나가지도 않고 마당에서 맘껏 뛰어논다. 누구도 통제하지 않지만, 길거리처럼 위험하지도 않으니 자리 하나는 제대로 잡은 셈이다. 쫓겨날 뻔한 이후로 새도 잡지 않아서 마당은 평화롭기만 하다.

○
'개입 없는 배려'가 있는 공생의 골목길

고양이가 합정동에 태어난 건 큰 복이 아닐 수 없다. 식당이나 카페 주인들이 삼삼오오 힘을 합해 골목의 고양이들을 돌본다. 그래서 이들은 사람 경계심도 별로 없다. 주민들은 각자 주변의 고양이들이 혹여 다칠까 봐 이름표를 달아주기도 한다.

인간과 고양이의 알 수 없는 신뢰의 끈이 이어져 있는 동네다.

하지만 고양이를 싫어하는 주민들에 대한 배려와 주의도 잊지 않고 있어서 서로 불편함 없이 잘 살아가고 있다.

고양이를 한 번도 키워본 적 없는 문 대표에게 근처 '노피디의 콩 볶는 카페' 사장님은 큰 도움이 되어주었다. 가까운 거리에서 장사를 해도 한 번도 인사도 나눠보지 못했지만, 길고양이를 챙겨주고 고양이도 키우고 있다는 이야기를 손님에게 듣고 달려가 도움을 청했다. 흔쾌히 도와준 사장님께 많이 배웠다. 이후 13년 동안 길고양이라는 공통 관심사를 매개로 가까운 사이가 되었다.

합정동은 사람들을 '오지랖퍼'로 만들곤 한다. 사람과 친해지는 데 시간이 걸리는 나 또한 동네 기운을 받는가 보다. 바쁘지 않을 때는 폐지 모으시는 할아버지께 걸쭉한 믹스커피를 한 고뿌 대접해드린다.

얼마 전, 회사 주차타워 앞에서 폐지를 정리하시는 할아버지께 종이컵에 담긴 믹스커피 한 잔을 전해드리며 "안녕하세요?" 라고 인사하니 건물을 가리키며 왕년에 여기서 '사. 무. 직'으로 일했다고 강조하신다. "아아, 그러셨군요" 하며 추임새를 넣으니, 주름이 파인 얼굴에 환한 미소가 번진다. 역시 커피는 믹스커피다.

12월이니 본격적 겨울은 이제 시작이다. 따뜻해지려면 서너 달은 더 있어야 한다. 폐지를 가득 쌓고 힘겹게 밀고 다니시는 손수

레의 원형 파이프 손잡이 안에 온수 보일러를 장착할 순 없을까. 아쉬운 대로 핫팩에 찍찍이 벨크로테이프라도 붙여 손잡이에 말아드릴까 궁리해본다.

문 대표 인터뷰 중 요즘 경영 이슈 중 ESG에 대해 아느냐고 물었다. 잘 모르겠다며 환경을 보호하고 함께 사이좋게 사는 거 아니냐고 되묻는다. 정답이다. 우리가 늘 해오던 거다.

사람과 사람이 서로 배려하며 살아가는 것. 추운 겨울 그 누구도 얼어 죽거나 굶어 죽지 않도록 구원을 요청하는 눈길을 마다하지 않는 것, 거창한 포부나 고귀한 신념의 시작이 아니어도 작은 마음의 가지들이 하나둘 모여 모닥불이 되어 우리들의 삶을 따뜻하게 해주는 것.

그 과정에서 사회에 영향력을 끼치는 리더들이 스스로 해야 하는 일들을 깨우쳐가는 과정이 ESG 실천이다. 어려운 용어가 중요한 것도 아니고 인증서가 모든 것을 말해주지도 않는다.

생명을 소중히 여기는 사람들에게 환경의 중요함을 되물을 필요 없고, 윤리적 운영에 대해 따로 강조하지 않아도 된다. 상황에 맞게 하나하나 실천해가면 된다. 우리는 그 누구도 완벽하지 않으며, 우리의 귀함은 배우면서 개선돼간다는 데 있다. 문제는 삶의 기본적인 '태도'이다.

마지막 인터뷰를 위해 '안녕, 낯선사람'을 방문했던 겨울 저녁, 곰식과 곰이 남매가 카페 일등석을 차지하고 있었다. 오늘은 날씨가 추워서 카페에서 잠시 쉬었다 가기로 한 모양이다. 이 친구들은 나와는 구면이다.

지난여름, 출근하다 두 마리의 길고양이가 눈에 띄어 잠시 쳐다보고 있었다. 그런 나를 보고 밥을 주시던 아주머니께서 시골에 꼭 가야 한다며 주말 동안 고양이들 밥 부탁을 했다.

얼떨결에 승낙하고 밥을 주기 위해 주말에 출근했다. 이 친구들이 곰식, 곰이 남매다. 그동안 동네에서 한 번도 못 봐 궁금해하고 있었는데, '안녕, 낯선사람'에서 우연히 마주치니 그렇게 반가울 수가 없다. 요즘은 이곳에서 밥을 먹고 간다고 문 대표가 알려준다.

손님들은 아무 불평 없이 가장 선호하는 좌석을 먼저 온 곰식, 곰이 남매에게 내어주고 다른 자리에서 차를 마신다. 이렇게 같은 골목에서 서로 자리를 내어주며 살아간다. 창문 밖에 순이 가족이 살고, 여동생 곰이를 살뜰히 돌보는 오빠 곰식, 겨울철 까칠하게 잠만 자고 도도히 사라져버리는 코로리가 자유롭게 드나들지만, 이곳은 캣 카페가 아니다.

냥이들은 딱 필요한 만큼만 머물고 가기 때문에 마주치기가 쉽

추운 날씨에 잠시 머물러 있는 길고양이 곰식과 곰이 남매.
ⓒ 안녕, 낯선사람

지 않다. 그래서 우연히 이들을 만나면 손님들은 행운이라도 잡은 듯 좋아한다. 그냥, 이곳은 사람과 사람 그리고 도움이 필요한 생명체가 서로 '개입 없는 배려'를 하며 공생하고 있는 작은 우주일 뿐이다.

⑯ 밤의서점

밤의서점 전경, ⓒ 밤의서점

치유의 밤으로
향하는 발걸음

또 입술에 물집이 잡혔다. 면역력이 떨어질 때 찾아온다고 하는 이 불청객은 몸의 피로뿐만 아니라 마음의 서글픔도 함께 몰고 다닌다. 입술에 생긴 물집보다 수백 배 큰 포도송이 같은 눈물 보따리가 가슴에 자리 잡아 터질세라 조심조심 걷는다. 오늘 할 일을 다 마치지 못했지만, 선수 보호 차원에서 자책은 잠시 접어둔다.

생각해보니 입술 물집의 덕을 본 적도 있었다. 대학 시절 아버지 장례식 때 입술에 돋아난 물집들이 터져 딱지가 진 추레한 몰골을 보시고는 문상 오신 어르신들이 "막내가 제일 슬퍼한다"는 이구동성에 졸지에 '세 자매 중 1등 효녀'로 등극했다. 또 박사 논문 심사 날, 물집이 역대급으로 번져 난리가 난 입술을 본 교수님이 "컨셉 좋네~ 논문 통과하겠어" 하는 농담으로 긴장을 덜어주셨다.

아무튼 전 세계 20~40%가 보유하고 있다는 이 바이러스는 잊을 만하면 나타나, 한 템포 쉬어야 할 때를 알려주곤 한다.

퇴근길에 녹초가 된 몸이지만 잰 발걸음으로 밤을 향해 걸어간다. '밤의서점'으로 향하는 내 모습은 마치 생존의 대가로 얻은 생채기들을 핥으며 회복하기 위해 서둘러 자신의 동굴로 향하는 한 마리 짐승 같다.

서점의 서늘한 공기로 입술의 열기를 식히고 읽을 만한 책 한 권을 구해 주말 내내 뒹굴뒹굴하며 지내고 나면 다시 기운차게 한 주를 시작할 수 있으리라.

'밤의서점'은 신촌에 있는 독립서점이다. 정확히는 금화터널로 연결된 고가 밑, 그러니까 이화여대 후문 맞은편, 연세대 동문 근처에 있다. 봉원사로 올라가는 비탈길 바로 옆이다.

올해 8년 차 독립서점이지만 원래 있던 곳에서 이곳으로 이사한 지는 1년 남짓 된다. 이 동네 새로운 주민 '밤의서점'의 정문 앞에는 초록색 버스 정류장 표지판이 밤새 보초를 서고 있다.

서점의 위치를 설명하다 보니 주변 하나하나가 지역의 랜드마크들이다. 그런데 그 사이에 있는 '밤의서점'은 바로 앞 고가도로 때문인지 누군가의 표현대로 신촌의 '오지'에 혼자 서 있는 느낌을 준다. 도시 한가운데서의 고립은 내면 치유의 시간을 선물한다.

처음 서점이 문을 열었던 연희동의 '밤의서점'은 지금보다 훨씬 작고, 교통도 불편하고, 심지어 찾기도 어려웠다. 그리고 정말로 밤에만 문을 열어서 '아는 사람만 아는' 그런 장소였다. 퇴근 후 들르는 2~30대 여성들이 주 고객이었는데, 서점은 작고 비밀스러운 느낌의 '개인 서가' 같았다.

서점 이전 후 이곳을 처음 방문했을 때, 넓어진 실내 공간과 도로에 접한 개방감 있는 위치에 축하를 전하면서도 개인적으로는 예전의 아늑한 공간을 떠올리며 살짝 아쉬워했다. 하지만 새로운 공간이 '마음의 빛을 찾는 공간'을 만들고자 하는 두 점장의 초심이 온전히 반영되어 완성되어 감에 따라 이내 '큰 집'의 여유를 누리며 예전보다 더 오랜 시간 이곳에 머물게 되었다.

다양한 경험을 더 할 수 있었고, 무엇보다도 내가 받은 '치유'의 혜택을 더 많은 사람과 함께 누린다고 생각하니, 또 다른 흐뭇함이 마음에 들어앉았다.

'밤의서점'의 외부는 두 점장의 취향대로 건물 외벽 조명이 최대한 절제되어 있어 간판이 한눈에 확 들어오지 않는다. 가로로 넓은 쇼윈도도 전혀 호들갑을 떨고 있지 않고 과묵하다. 그 차분한 분위기에 처음 보는 사람들이 선뜻 들어오기 조심스러워하기도 한다.

마케팅 측면에서는 입구에 조명을 더 설치하는 게 좋겠다는 의견을 조심스레 전한 적도 있었다. 하지만 친해지기에 좀 시간이 걸리는 속 깊은 친구 같은 진중한 '밤의서점'의 모습이 사실은 내가 이곳을 사랑하는 이유 중 하나다.

○
마음의 빛을 찾는
한밤의 서재

'마음의 빛을 찾는 한밤의 서재'는 두 점장이 함께 운영하는 '밤의서점' 모토다.

두 점장은 고등학교 동창인데, '밤의점장' 김미정 대표는 이화여대에서 불어불문학을, '폭풍의점장' 남지영 대표는 연세대에서 국어국문학과 심리학을 공부했다. 고교 시절을 함께 보내고, 대학도 같은 지역 신촌에서 다녔지만 서로 더 가까워진 것은 직장생활을 하면서다.

김 대표는 출판사의 편집자로, 남 대표는 광고대행사 AE로 10년을 각자의 영역에서 경험을 키워오며 서로 업의 애환과 미래의 꿈을 나누며 더 많은 이해를 하게 되었다. 두 사람이 헤쳐온 경험의 물줄기가 긴 세월을 거쳐 흘러온 '두물머리'처럼 하나의 강으로 합쳐져 8년째 '밤의서점'을 함께 운영해오고 있다.

두 점장 모두 문과생이지만 닉네임이 말해주는 것처럼 극명하게 반대의 성향을 지니고 있다. 서로 다른 성향이 만남은 동업할 때 갈등을 일으키는 경우도 많지만, 서로에 대한 신뢰가 있다면 각자의 단점을 메워주며 시너지를 낼 수 있다. 두 점장은 8년의 세월이 지루할 틈 없이 서로를 더 깊이 새롭게 배워가는 시간이었다고 말한다.

세심하고 차분한 성격의 '밤의점장'은 프랑스 문학 서적 번역가로도 활동 중이다. '폭풍의점장'은 광고대행사 출신답게 추진력이 있고, 새로운 일 벌이는 것을 좋아한다. 그런데 오랜 시간 함께 해서인지, 부부가 서로 닮아가는 것처럼 요즘은 '폭풍의점장'이 이것저것 리스크를 생각하느라 주저할라치면 '밤의점장'이 그냥 질러버리는 상황이 생기기도 한단다.

이런 서로의 변화를 재미있어하는 '폭풍의점장' 이야기를 들으며 그녀의 예전 업무와 유사한 일을 하는 나는 '이것저것 리스크를 생각'하는 습관이, 정해진 시간과 예산으로 반드시 목표를 달성해야만 하는 '을'의 생활에서 오는 직업병 현상이라는 생각이 들어 슬쩍 웃음이 났다.

'밤의서점'의 출범은 우연과 필연이 교차된 결과다. 출판사를

밤의서점 내부, ⓒ 밤의서점

나온 '밤의점장'에게 어느 날 한 지인이 "서점을 열려고 하니 운영을 해달라"고 부탁했다. '밤의점장'은 서점을 운영한 경험이 전혀 없다 보니 여기저기 알아보며 공부를 해야 했는데, 돌연 서점 운영 요청을 했던 지인이 개인 사정으로 서점 오픈을 포기했다.

그런데 서점 관련 공부를 하면 할수록 '밤의점장'은 더욱 자신만의 서점을 열고 싶어졌다. 직장생활을 하면서 느꼈던 갈증의 안

개가 걷히고 명확한 꿈이 보이는 것 같았다. 그 고민을 절친 '폭풍의점장'에게 말하니, "하고 싶으면 하면 되지" 하며 오히려 '밤의점장'을 독려했다. 그렇게 '밤의서점'의 문이 열렸다.

서점을 운영하며 폭풍처럼 많은 양의 책을 읽는 동안, 가벼운 마음으로 친구를 도와 새로운 일을 시작했던 '폭풍의점장' 또한 잊고 있었던 어릴 적 꿈을 마주하게 된다. 책 읽는 게 너무 좋아서 먹을 물만 가지고 서점 안에 갇혀 책만 읽으면 좋겠다고 생각했던 어린 자신을 기억해냈다. 그리고 30년이 흐른 지금 그 꿈의 장면 안에서 실제로 생활하고 있는 자신을 발견하게 된 것이다.

'밤의서점'은 이곳에 머무는 모든 사람이 책을 통해 자기 자신을 만나길 바란다. 고객들은 독특한 큐레이션을 '밤의서점'의 제일 큰 매력으로 꼽는다. '밤의서점'만의 섬세하면서 독창성 있는 큐레이션은 독자들에게 새로운 시각과 깊은 사색의 기회를 제공한다.

두 점장의 성향이 다른 만큼 큐레이션도 각자의 색깔을 담고 있는데, 서점에 있는 많은 책 띠지에 두 점장의 추천 글이 수기로 적혀 있다. 이 추천 글에는 각 점장의 시선으로 다룬 책 내용이 소개되어 있어서 지하철에서 옆 사람이 읽고 있는 책을 훔쳐보는 것처럼 흥미롭다. 책을 선택할 때 큰 도움이 되는 것은 물론이다.

인문학 서적이 많다고 느껴지는 것에 대한 개인적 질문에, '밤의점장'은 심리학에 대한 자신의 관심과 이곳을 찾는 고객들이 자기 자신과 대화할 수 있는 책들을 많이 큐레이션하다 보니 그렇게 보이는 것 같다고 대답한다.

서점을 자세히 돌아보면 '밤의서점'에는 인문학 외에도 다양한 분야의 책들이 구비되어 있다. 베스트셀러나 신간만이 아닌, 출판된 지 오래된 책이나 국내에서 보기 힘든 책들을 만나볼 수 있는 것도 기쁨 중 하나다.

서점에 들어서자마자 느껴지는 밤을 닮은 차분한 분위기와 나무 책장 사이사이 고요한 공기의 흐름이 일상에서 입은 마음의 상처를 어루만진다. 그리고 이내 평온한 마음으로 자신을 만나는 여행이 시작된다.

○
**아날로그 문화 슈퍼마켓,
밤의서점**

'밤의서점'이 자리 잡은 봉원사 초입은 '밤의점장'이 대학 때 하숙했던 지역이다. 그때의 외로움이 생각나 처음에는 서점을 이곳에 여는 것이 내키지 않았다고 한다. 그만큼 세월이 멈춘 듯 변화가 적은 동네다.

지역 구성원은 여전히 대학 다니는 하숙생이 가장 많다. 그리고 대부분 나이 지긋한 동네 토박이 지역주민들, 대학 소속 어학원 때문에 외국인들도 자주 보인다. 간혹 세브란스병원의 환자 보호자들도 서점에 들르곤 한다.

책을 좋아하는 5~60대 이상의 동네 주민들은 이곳에 서점이 생겼다는 것을 누구보다도 기뻐한다. 이들에게 동네 오프라인 서점의 존재는 삶의 질과 직결된다. 두 점장에게 7년간의 연희동 '밤의서점'보다 공간만 넓어진 것이 아니라 이렇게 고객의 폭이 다양해진 것은 서점 운영의 고단함을 씻어주는 큰 보람 중 하나다.

'밤의서점' 주변에는 서울 안에 있을 것이라고 상상이 안 되는 장소도 있다. '밤의서점' 오른쪽, 봉원사로 올라가는 비탈길에 있는 '숲속의 한방랜드'는 매주 움막에서 진짜로 숯을 굽는 숯가마 사우나다.

하숙생들이 편하게 끼니를 해결할 수 있는 8,000원짜리 백반집 '존재의 이유'도 동네를 대표하는 오랜 '로컬 플레이스'다. 이 밖에도 시간의 흐름을 느리게 느끼게 해주는 오래된 곳이 많다.

서점은 이 동네에서 '썸씽 뉴'인 업종이지만 '밤의서점'의 내외부 모두 오랜 시간을 함께한 것 같은 포스를 내뿜는다. 공사하다 우연히 발견된 내부의 돌벽도 분위기를 이끄는 데 한몫한다. 책을 읽기에 부족하지 않을 만큼의 최소한의 조명이 마음을 차분히 가라앉혀준다. '밤의서점'이 동네에 자연스럽게 녹아들어 지역과 함께 성장했으면 좋겠다.

아날로그 감성의 다양한 콘텐츠들은 '밤의서점'이 추구하는 방향을 말해준다. 오프라인 서점에서만 가능한 감도 있는 경험을 담은 콘텐츠가 많다. 그중 자신의 생일과 같은 날 태어난 작가의 책을 만나볼 수 있는 '생일문고' 서비스는 고객에게 오랫동안 사랑받고 있다.

'생일문고'는 자신을 위한 선물은 물론 타인을 위한 선물로도 흥미롭고 의미 있다. 그것은 단순히 책 한 권을 구매하는 행위가 아니라 내가 태어난 날, 또 다른 어딘가에서 태어난 작가가 세상에 남긴 이야기를 발견하는 설렘과 동질감을 느끼는 특별한 경험이다. 생일 날짜 말고는 아무것도 쓰여 있지 않은 파란색 포장을 뜯는 순간, 내가 누구인지를 다시 한번 생각하게 만드는 낯선 모험이 시작된다.

북클럽의 주제도 다양하다. '지구를 공부하는 밤의 북클럽'처럼 특정 테마로 여러 회 진행되는 콘텐츠도 있고, 저자를 초청하여 서로 토론하는 작은 북토크도 있다. 주 고객인 대학생들에게 위로

밤의서점 동굴서가, ⓒ 밤의서점

와 동기부여가 되는 북토크도 자주 진행하는데, 함께 살아가는 사회를 위한 주제로 서로 생각을 나누기도 한다. '밤의서점'의 북토크는 저자나 강사 혼자 완성하는 강연이 아니라 참여자가 함께 삶을 나누고 미완성된 자신을 채워가는 과정이다.

스토리가 있는 참신한 전시도 자주 열린다. 최근에는 수어 동작을 각각 스탬프로 새겨서 좋은 문장을 한 자 한 자 도장을 찍어 필사한 독특한 이슬기 작가의 작품을 선보였다. 도장 하나하나에 손의 움직임이 담겨 생각의 흔적이 글과 그림의 경계로 표현되어 있었다. 언어가 또 다른 방식으로 메시지를 전하는 지극히 아날로그적인 전시였다. 문밖, 디지털 세상의 속도를 등지고 바라보는 손끝으로 새겨진 수어의 흔적은 느리고 섬세한 아날로그적 미학의 정수였다.

'밤의서점'이 위치한 곳은 오랫동안 슈퍼마켓이었던 장소다. 도시 한가운데이지만 발전이 더디고 오래된 동네인 이곳의 동네 슈퍼마켓에서는 정말 다양한 물건을 판매했다고 한다. 골목길에 편의점이 하나 들어왔지만, 여전히 동네 슈퍼마켓에서만 구입 가능한 물건들은 있게 마련이다. 슈퍼마켓이 문을 닫은 것이 두 점장의 책임은 아닐 덴데 괜히 미안한 마음이 든다.

생활용품과 잡동사니로 생활의 불편함을 해소하던 곳이 이제는 책, 문화 그리고 사람들의 소통으로 삶의 갈증을 달래준다. 대학생들에게는 삶의 방향을 고민할 수 있는 계기를 제공하고, 오랜 주민들에게는 새로운 시대와 연결되는 다리 역할을 한다. 내가 속한 사회와 환경에 대해 생각하게 하고 사람들을 연결한다.

'밤의서점'은 그 존재 자체가 지속 가능한 지역사회와 함께하는 작은 실천이다. 디지털화한 사회 속에서 아날로그적 경험의 중요성을 되살리며 스스로의 가치를 돌아보게 한다.

'밤의서점'은 단순히 책을 파는 공간이 아니라 동네의 삶을 더 풍요롭게 해주는 문화 슈퍼마켓이다. 내가 나를 만나고 서로 다른 생각들이 교류하고 성장하는 장소, '밤의서점'은 그 자리에서 오늘도 조용히 빛나고 있다.

17

밴드 분리수거

© 밴드 분리수거

○
"오, 자네 왔는가!"

    진도 못 쫓아가는 중딩의 나머지 공부반 같은 혼자만의 토요일 근무를 마치고 집으로 향하는 길, 책상 위 잡무는 아직도 섬처럼 쌓여 있지만 아직 일요일이라는 아군이 있다. 대출받은 하루라는 시간 덕분에 발걸음에 여유가 묻어 있다.

    토요일 저녁, 귀갓길 도보 여행은 내 삶을 유지해주는 중요한 루틴이다. 4킬로미터 조금 넘는 귀갓길의 블록마다 다른 풍경이 펼쳐진다. 합정동 좁은 골목길엔 카페, 술집, 커풀룩 전문 보세 옷집 등 무엇인가를 파는 가게가 많다. 공통점은 모두 '작다'는 것이다. 이 동네에서 '으리으리함'은 그다지 장점이 되지 못한다.

    지역주민답게 요리조리 골목을 가로질러 홍대 '상상마당' 건너편에 다다른다. 건널목 앞에서 숨을 고르며 신호등이 바뀌길 기다리고 있는데, '아는 목소리'가 11월 말의 찬 공기를 가르고 고막에 꽂힌다. 저 오버스러운 시끌벅적함은…… 그들이다! 다른 밴드일 수 없는 목소리!

깜빡이는 빨강 신호등 밑에서 발끝을 들고 시선을 길 건너 저편으로 꽂아본다. 늘 같은 장소에서 버스킹을 하는 '밴드 분리수거' 보컬 김석현의 목소리가 '레드로드'의 첫 블록인 삼거리 신호등 이편까지 쩌렁쩌렁 울린다.
"오, 자네 왔는가!"
신호등이 초록색으로 바뀌자마자, 먼 길 찾아온 오랜 벗을 버선발로 맞이하는 선비처럼 한걸음에 횡단보도를 건넌다.

웃을 기분 아닌데 웃기고야 마는 길거리 뮤지션, 행여라도 눈에 띄어 불려 나갈까 늘 키 큰 사람 뒤에 숨어 구경하던 홍대의 버스킹 터줏대감 '밴드 분리수거'가 오늘 출몰했다.

토요일 퇴근길마다 혹시나 하고 찾아보곤 했었는데, 오랜만에 만나니 더 반갑다. 초겨울 하늘을 울리는 드럼 소리와 귀가 먹먹해지는 보컬의 기세에, 쌓아놓고 온 일거리들과 잔잔바리 걱정거리들이 혼비백산해 줄행랑을 친다.

사실, 나의 음악 취향은 매우 반지하 감성이어서 시끄러운 음악을 즐겨 듣지 않는다. '밴드 분리수거'를 처음 만난 건 이곳 합정동에 회사가 자리 잡은 두 번째 해인 5년 전이다. 그날은 간만에 친구를 만나 저녁을 먹고 여느 토요일과는 다른 느낌으로 활기차게 길을 걷고 있었다. 모처럼 쓸쓸하지 않은 토요일 저녁이었다.

그날 역시 '밴드 분리수거'의 시끌벅적함은 길 가던 사람들을 멈추게 했다. 호기심에 나도 잠시 발길을 멈추고 관객 무리 속에 섞여 들어갔다. 음악 스타일도 낯설었지만, 그들의 너스레와 천연덕스러움이 나에게는 더 신기한 구경거리였다. 밴드의 라이브 공연인지, 개그 공연인지 헷갈릴 지경이었다. 친구와 관객들 뒤편에서 노래 몇 곡을 듣다 '특이하고 재미있는 밴드네' 하며 자리를 떴다.

두 번째 만남은 2년쯤 뒤였던 것 같다. 뜬금없이 마주한 코로나19 팬데믹에 모두가 힘겨운 시간을 버텨내고 있었다. 토요일 저녁 나의 발걸음에도 근심이 한가득 묻어 있었다. 2년 전과는 전혀 다른 시국, 실내 공연은 물론이고 버스킹도 찾아보기 힘들었다. 거리는 어두웠고, 길거리 카페들도 코로나19 전과는 비교할 수 없을 만큼 한산했다.

앗! 그런데 건널목 저쪽에서 오두방정 인사 소리가 들렸고, 이내 노래가 시작됐다. '밴드 분리수거'였다. 2년 전 보았을 때의 '특이하다'는 느낌에서 이번에는 좀 더 무게 있는 어떤 감정이 마음속에서 흘러나왔다. 코로나 시국에 버스킹을 나오다니!

그의 목소리는 여전히 밤거리에 쩡쩡 울리고 있었다. 길 위의 관객들은 모두 마스크를 쓰고 있었지만, 어느 때보다도 열정적으로 밴드와 하나가 되어 신나게 웃고 음악에 맞춰 노래하며 뛰고 있었다. 날마다 들리는 경기침체 뉴스, 한적한 거리와 대비되어 더 낯설고 이상한 광경이었다.

코로나19가 한창이던 2021년은 창업 3년 차로, 이 시절은 나에게 끝이 보이지 않는 터널에 갇힌 최강 암흑기였다. 창업 3년 차는 경기가 좋아도 데드벨리(스타트업이 투자로 시작한 초기 1~2년을 거쳐 자리 잡기 전 어려움을 겪는 구간이다. 많은 기업이 이 구간을 넘지 못해 문 닫는다)인데, 팝업스토어를 비롯한 공간마케팅 업무가 주 비즈니스인 우리 회사에, 외부 활동이 제어되는 코로나는 가혹한 역량 테스트 같았다.

힘없고 느린 발걸음으로 길을 걸었다. 또다시 건널목을 건너고, 원형으로 모여 있는 관객 무리로부터 누룽지 부스러기처럼 살짝 떨어져 멍하니 그들의 공연을 바라보고 있었다. 그러다 리더의 주문대로 음악에 맞춰 이벤트 행사 풍선처럼 어색하게 한 손을 휘적휘적했던 것 같다. 정신을 차려보니 어느새 밝게 웃으며 내가 서 있는 쪽 그룹이 맡은 후렴 파트를 힘차게 부르며 공연의 관객 역할을 훌륭히 해내고 있었다. 이런, 머쓱할 데가!

○
삶을 위한 음악,
음악을 위한 삶

'밴드 분리수거'는 한마디로 묘사하기 힘든 밴드다. 뭐랄까, 건강한 불량식품 같다. 진지함과는 담을 쌓은 외모와 태도, 팀끼리도 잘 맞지 않는 티격태격 B급 애드립. 기타이든 드럼이든, 멤버 중 누군가가 리듬을 타기 시작하면 그에 맞춰 완성해가는, 가끔 삑사리도 나는 즉흥 라이브 노래와 연주. 모인 관객들에게 격 없이 말을 걸고, 놀려먹고, 심지어 부려 먹는 악동 밴드다.

'밴드 분리수거'의 멤버 네 명은 모두 예사롭지 않은 포스 뿜어낸다. 리더인 보컬 김석현, 기타 염만제, 드럼 최현석, 베이스 김왕국으로 구성된 이 밴드는 이래 봬도 15년 차 중견 뮤지션이다.

그들의 공연은 다듬어지지 않았지만 빠져들게 만들고, 계산된 기획이 아니어서 느껴지는 거친 생명력이 있다. 예측 불가능한 왁자지껄한 퍼포먼스는 B급 공연을 '표방'하지만 보컬 김석현의 투 플러스 한우 같은 안정적인 가창력은 숨길 수 없다. 허공을 가르는 성량이 온종일 전 부치다 온 듯한 나의 기름 절은 피로감에 속이 뻥 뚫리는 물김치 같은 후련함을 선사한다.

껄렁한데 올곧고, 불량한데 건강하다. '분리수거'라는 이름에는 음악으로 사람들의 걱정과 근심을 분리수거해준다는 밴드의 의지가 담겨 있다.

과거 〈스타킹〉이라는 공중파 프로그램에서 개그로 우승한 경험이 있는 보컬 김석현 리더는 천부적인 유머 감각으로 공연 현장을 웃음바다로 만들곤 한다. 그는 관객들을 웃게 하고, 슬픔을 잊게 해주는 것이 '밴드 분리수거'의 존재 이유이자 다른 밴드와의 차별점이라 말한다.

그들은 현장에 있는 관객들의 사연으로 즉흥곡을 만들어 공연장 관객들과 함께 부른다. 사연을 듣고 아주 잠시 생각한 후 김석현 리더가 노래를 시작한다. 곧 찰떡같이 모든 멤버가 호흡을 맞춰 곡을 완성해간다. 그리고 관객들이 함께 후렴구를 떼창을 한다.

현대자동차에 입사지원서를 낸 아빠를 응원하는 딸의 사연, 해운대 바닷가에서 1년 전 사별한 남편의 유골을 뿌리고 남편이 그리워 다시 그곳을 방문한 아내를 위로하는 노래, 신입 사원의 애환 등 공연마다 매번 세상에 처음 선보이는 단 하나뿐인 노래가 탄생된다.

다듬어지지 않은 노래, 굳이 별로 다듬을 생각도 없어 보이는 대패로 툭툭 깎아낸 듯한 멜로디와 매끄럽지 않은 가사에 우직한 진심이 묻어나온다. 거침없는 날것의 음악이 진심과 가창력을 엔진 삼아 관객의 마음속으로 질주한다.

PART 5 우리 동네 ESG

보컬 김석현 리더, ⓒ 밴드 분리수거

오늘도 현장에 있는 관객의 사연으로 즉흥곡을 만들어 고래고래 열창한다. 거리에서 듣도 보도 못한 난리 부르스 위로가 한바탕 펼쳐진다.

온 힘을 다하는 공연만큼이나 공연 전후 멤버들의 일상 또한 치열하다. 김석현 리더는 광화문 오피스빌딩 지하에 있는 어머니의 백반집 일을 돕는다. 새벽 5시 반에 일어나 누나와 어머니가 있는 식당으로 출근해 손님이 몰리는 점심시간 정리까지 마치고 오후에 작업실로 향한다. 그는 주방을 담당하는 중요 인물이다. 뚝배기 순두부찌개도 한 번에 여러 그릇을 능숙하게 끓여내고, 무겁고 커다란 웍을 다루는 솜씨도 수준급이다. 코로나19 시국에 아버지가 돌아가신 뒤 계속 가족을 돕고 있어 힘도 들지만 뿌듯하기도 하다.

기타리스트 염만제는 배민 라이더이다. 자칭 '딸 배^{딸 가진 배달원}'란다. 결혼 전에는 8~10시간 자던 잠을 이제는 4~5시간으로 줄이고 오토바이 배달을 하지만 네 살짜리 딸을 생각하면 힘들지 않다. 게다가 공연이 있을 때 눈치 보지 않고 일을 줄일 수 있는 일자리라서 만족도가 높다. 다만 오랜 경험상 욕심을 부리면 사고가 날 수 있다는 것을 알기에 스스로의 욕심과 조바심을 제일 경계한다.

드러머 최현석은 소품 렌탈숍에서 일한다. 소품 렌탈숍은 미리 협의하면 시간 조율이 가능하고, 특히 촬영이나 행사 때 소품 도움을 받을 수 있어서 밴드로서는 '꿀알바' 자리다. 마지막 한 명, 베이스 김왕국은 뭐 하냐구? 그는 인테리어 현장 반장님이다.

그들은 음악만으로 생계를 유지하기 어려운 순간에도 결코 음악을 내려놓지 않았다. 생계를 위한 부업이 기반이 되어준 덕분에 음악을 계속할 수 있음에 감사한다. 15년 동안 인디 밴드로서 활동을 이어올 수 있었던 건 음악을 향한 일상의 노력을 팬들과 솔직하게 나누고, 그 진정성 속에서 응원받았기 때문이라고 말한다.

가식 없이 존재할 수 있기에, 지치지 않고 좋아하는 음악을 오래도록 지속할 수 있었다. 그들의 삶은 음악 속에 고스란히 녹아 있고, 음악은 곧 그들의 삶 그 자체였다.

언제나 유쾌한 '밴드 분리수거'의 공연을 보며 멤버들 자신의 슬픔은 잘 분리수거하며 정신건강을 챙기고 있을지 궁금했다. 하지만 인터뷰하는 과정에서 '지속하기 힘든 인디 밴드 생활에 대한 애환을 어떻게 극복하고 15년을 해왔을까?' 하는 걱정은 나의 기우였음을 깨달았다. 그들은 진심으로 공연과 자신들의 삶을 즐기고 있었고, 죽는 날까지 공연하고 있는 자신들을 꿈꾸고 있었다. 그 꿈에 무대의 크기나 관중의 수는 기준이 아니었다.

관객의 슬픔을 그 오랜 시간 동안 진심으로 위로해줄 수 있는 원동력은 스스로 마음의 건강함이었다. '밴드 분리수거'에게 슬픔의 분리수거는 필요 없었다. 마늘처럼 알싸한 현실을, 자신들 삶의 전부인 음악에 툭툭 얹어 보쌈을 한입에 삼키듯 삶 전체를 맛있게 살아내고 있었다. 연습을 마친 저녁, 소주잔을 기울이며 '밴드 분리수거[BLSG]'의 슬로건으로 건배사를 대신한다.

"But Life is So Good!"

세월이 지나 보면 오늘이 제일 좋은 날일 거라 말한다. 자신들의 건강함과 오늘의 안주, 프라이드치킨의 바삭함을 감사한다.

○
분리되지 않는 시간,
함께한 음악

    밴드 분리수거는 얼마 전 로고를 바꿨다. 초창기 로고는 우리에게 친숙한 재활용마크 그대로였다. 재활용마크 삼각형 화살표 가운데 빈 공간에 이니셜 BLSG가 붙박여 있었다. 유머러스하고 직관적이어서 개인적으로 좋아하던 BI^{Brand Identity}였다.

    글로벌화 등의 그럴싸한 대답을 예상하며 로고를 바꾼 이유를 물었다. 대답은 로고 파일을 잃어버려서란다. 물론 외국인들에게 '분리수거' 개념을 설명하기 힘들어서라는 이유도 마지막에 덧붙이기는 했다.

    글로벌 진출의 포부라기보다는 설명하기 번거롭웠다는 '귀차니즘'에 가까운 느낌의 답변이었다. 동기야 어찌 되었든 필요한 시점의 바람직한 변화인 것 같아, 꼰대 잔소리가 나올 뻔한 입을 조용히 닫았다.

    언뜻 보면 무심하게 막 만들어진 것 같지만, '밴드 분리수거'의 콘텐츠들은 완성도가 높다. 앨범 재킷 디자인이나 뮤직비디오 콘셉트 그리고 효과처리 등에 맥락 없고 어이없고 재미있는 '병맛'이 적절하게 잘 살아 있다.

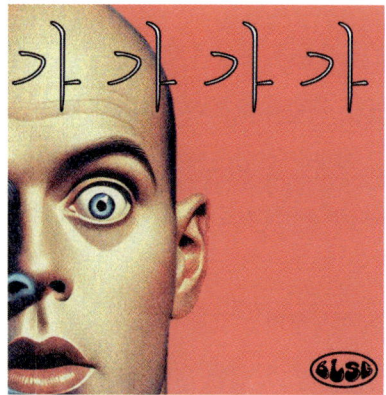

분리수거 앨범 커버, © 밴드 분리수거

뮤직비디오 CG도 느낌이 좋아 디자이너가 누구인지를 물어보았다. 예산 때문에 알음알음으로 했다고 한다. 전에는 전체 디자인, 기획 및 촬영, 편집까지 김석현 리더가 진행했는데, 알고 지내던 전직 드러머 박진경 PD가 합류하면서 1년 전부터는 아트웍 디자인은 김석현 리더가, 영상 제작은 박진경 PD가, 그 밖의 필요한 부분은 멤버들이 저마다 할 수 있는 것들을 하면서 함께 완성해간다고 한다. 박진경 PD의 합류 이후 콘텐츠의 질이 좋아진 것 같다며 동료에 대한 고마움도 잊지 않고 전한다.

크리에이티브를 기반으로 하는 회사를 운영하는 나에게는 감탄과 동시에 생각이 많아지게 만드는 대답이었다.

이제 많은 인디 뮤지션 그리고 중소기업들이 스스로 양질의 콘텐츠를 만들어내고 있다. 기업 내 디자이너들이 자신의 미래에 대해 깊이 고민하고 스스로 변화해야 할 때가 도래한 것이다.

생각하는 바를 구현할 수 있는 툴이 좋아져 누구나 디자인을 할 수 있는 시대라고는 하지만 그 칼을 잘 쓰기 위해서는 역시 칼자루를 쥔 사람의 '감각'이 있어야 한다.

리더 김석현은 탁월한 감각을 지니고 있었다. 자신의 음악이 잘 표현된 김석현 리더의 영상과 그래픽 결과물을 보면서 절박함과 실행력이 '생계형 천재'를 만들어내는 시대에 살고 있음을 실감

한다.

진지하면 퇴장당할 것 같은 공연 분위기에 세뇌당한 것일까. 버스킹의 특이점인 즉흥곡에 관한 이야기를 하다 보니 정작 뮤지션으로서 그들의 정식 앨범과 음악에 대해 소개하지 못했다.

'밴드 분리수거'는 2011년부터 음악을 시작해 15년간 20여 장의 앨범을 낸 베테랑 뮤지션이다. 음악을 시작한 이래 코로나19 기간마저도 쉬지 않고 버스킹을 하고 앨범을 내왔던 성실함이 밴드의 저력이 되었다. 오랜 기간 축적된 연습량과 공연 경험, 탄탄한 보컬의 가창력으로 자신들만의 음악을 만들어가고 있다. 자신만의 음악 세계를 가진 베테랑임과 동시에 성장 진행형 뮤지션이다.

정식으로 녹음된 앨범의 곡들은 당연히 즉흥곡보다 더 잘 다듬어져 있고 완성도가 있다. 들으면 귀에 달라붙는 노래가 꽤 있는데, 요즘 내가 꽂힌 노래는 최근 발매된 '월급 내놔 pay me'라는 곡이다. 누구에게나 친숙한 내용의 가사가 재미있고 멜로디도 중독성이 있다.

그런데 하필 이 노래를 흥얼거리는 요즘, 우리 회사는 연봉협상 기간이다. 중소기업을 운영하는 내게 가장 힘든 시간이다. 걱정은 머리를 떠나지 않는데, 멜로디는 계속 귓가에 맴돈다.

카페에서 김석현 리더를 인터뷰하던 날, '월급 내놔'라는 곡은 노래도 좋지만 특히 뮤직비디오 그래픽과 편집이 감각적이어서 직원들에게도 공유하고 싶다고 말했다. 웃으며, 연봉협상 마치고 한두 달 있다가 들려주라고 한다. 현명한 조언이다. 다음 달에 회사 단톡방에 공유해야겠다.

'우리는 월급주머언~ 할 거야~~ 우린 줄 맞춰 출근할 거야아~~ 개미보다 더 성실할 거야아~~~ 월급 내놔아!~ 쫌만 더 줘어~~'
이런 가사의 노래다.

사장을 위한 노래도 하나 만들어달라 했다가 단칼에 거절당했다. 본인은 다수 편이라나? 쳇, 연봉조정 초안 엑셀을 열어놓고 나 혼자 개사를 해서 흥얼거려본다.
'나도 많이 주고 싶지만 예산이 없다아~~ 올핸 정엉말로~~ 걱정이다아~~'
다다당당~ 꿍짝꿍짝~~
'쫌만 더 줘어~' 부분에 '이해해줘어~~'를 넣어 노래를 부르다 혼자 웃는다. 으이구, 뭐 하는 짓인지.
노래를 멈추니, 다시 걱정이 성대 빈자리를 채운다.

지난주, '밴드 분리수거'의 공연을 보러 홍대의 한 클럽을 찾았다. 그들의 거리 공연은 여러 번 봤지만, 공연장에서의 모습은 어떨지 궁금했다. 사실, 그들만큼이나 궁금했던 것은 그들의 팬들이었다.

　일요일 오후 5시, 장소는 홍대에서 꽤 핫하다고 소문난 클럽이다. 혹시 나이 때문에 입장을 거부당하지 않을까 잠시 망설였지만, 팬심으로 마음을 무장하고 돌진했다. 작은 공연장 안, '밴드 분리수거'의 '찐팬'들이 공연을 기다리고 있었다.

　여섯 개의 인디 밴드가 함께 무대를 꾸미는 자리였는데, 밴드들과 각각의 팬들 사이에도 미묘한 긴장감이 느껴졌다. 하지만 '밴드 분리수거'와 그들의 팬들은 달랐다. 비교와 견제는 없었다. 자신의 공연이 끝난 후에도 끝까지 자리를 지키며 다른 팀의 음악을 경청했고, 진심으로 즐겼다.

　공연이 끝나고 뒤풀이에 합류했다. 홍대 '걷고 싶은 거리'를 지나 경의선 철도길 초입에 있는 그들의 단골 막걸릿집으로 향했다. 함께 걸으며 팬들과 이야기를 나누었다. 왜 팬이 되었냐는 질문에 공연을 보는 그 순간 현실의 모든 것이 잊힌단다.

　'밴드 분리수거'를 알게 된 지 10년이 넘은 팬들은 어느덧 서른을 훌쩍 넘겼을 나이였지만, 여전히 앳된 모습이었다. 어쩌면 밴드와 함께한 시간이 그들의 마음과 모습을 그렇게 만든 것인지도 모르겠다.

© 밴드 분리수거

　김석현 리더는 팬들이 음악과 함께한 삶의 증인이라고 말한다. 서로의 삶을 응원하며 함께 성장한 시간이 있기에 '밴드 분리수거'의 음악은 단순한 노래가 아니라, 공동의 기억과 기록이다.

　뜨끈한 두부김치와 막걸리 한 잔을 나누고 다시 걸음을 옮겼다. 배 속만큼 마음도 든든하고 따뜻했다.

© 밴드 분리수거

경의선 철도 길에 들어섰다. '밴드 분리수거'의 음악은 함께하는 사람들과 이 길처럼 연결되어 있고, 그들의 공연은 거리의 조명처럼, 벽화처럼, 홍대 거리의 일부다. 디자인이 꼭 시각적인 것만을 의미하는 것은 아니기에, 그들이 만들어내는 즉흥곡과 무대 역시 거리를 채우는 하나의 디자인이다.

ESG의 관점에서 본다면, 그들은 지속 가능한 문화 생태계를 만들어가는 존재다. 무대가 없어도 어디서든 노래할 수 있고, 관객과 즉흥적으로 소통하며 새로운 음악을 탄생시키는 그들의 방식은 사람과 사람을 연결하고 '길거리'라는 공간에 새로운 의미를 부여한다. 공연이 끝나도 시간은 분리되지 않고, 함께한 음악으로 기록된다.

동네 주민으로서, 인생 선배로서, 음악으로 꽉 채워진 '밴드 분리수거'의 15년을 치하하며, 앞으로의 15년에 미리 감사한다.

EPILOGUE

○
"T가 웃었다!"

    계획했던 기간보다 원고 마무리가 너무 지연되어 마음이 조급해지기 시작했다. 집필을 시작한 지 1년 6개월이 다 되었고 다시 3월, 개강을 맞이했다. 두 번의 가을학기가 지나고 두 번째의 봄 학기를 보냈다.

    이번 봄은 유난히 이벤트가 많았다. 사브작사브작 시작했던 자체 브랜드의 전시와 신제품 론칭, 디자인 연구 프로젝트 그리고 모든 일의 기반이 되는 현업에서의 PT 준비 등등……. 누구나 바쁘게 살고 있는 요즘이니, 불평할 일은 아니고 단지 퇴고에 집중할 시간이 부족해서 마음이 좀 부대꼈다.

    미니 스토리의 마지막 꼭지, '밴드 분리수거'의 초고를 작성하고 나서 날짜를 보니 마음이 다시 급해졌다. 업무차 후배를 만난 김에 원고를 보여주며 물었다.

"서둘러 썼는데 괜찮을까?"

누구보다 냉정하고 논리적인 성격의 소유자라서, 프로젝트를 진행하다 고민이 생기면 의견을 구하곤 하는 후배다. 마침 '밴드 분리수거'도 알고 있어서 조언 구하기에 안성맞춤 대상이었다.

귀찮아하려나 했던 염려와 달리 원고를 천천히 성의 있게 한 장 한 장 넘긴다. 정성을 담아 읽어주는 것 같아 고맙다. 그러다 어느 지점에 잠시 눈길을 멈추고 피식 웃는다. 마지막 페이지까지 다 읽고는 원고를 돌려주며 하는 말.

"선배, 필력 많이 좋아지셨네요."

도대체 이것들「은 싹퉁머리 자르는 미용실을 다니는 건지, 뭔 말을 이렇게 이쁘게 하는지 모르겠다. 알고 지낸 지 꽤 긴 세월이 흘렀는데 분노 유발 말투의 일관성 하나는 국대급이다. 무안함에 가뜩이나 소심한 마음이, 급하게 가방에 쑤셔 넣었던 스테이플러 찍힌 원고의 ㄲ트머리처럼 볼품없이 접힐 뻔했으나…….

괜찮다! 녀석이 웃었다. 다시 쓰진 않아도 될 거 같다!

그의 의도하지 않은 웃음처럼, 읽다가 한 번씩 미소 지을 수 있

EPILOGUE

는 글이 되길 바란다. 가락국수처럼 후루룩 읽히고, 그 온기로 세상을 따뜻하게 바라보게 하는 그런 책이 되었으면 한다.

○
열일곱 번의 연애

1년 반 동안 열일곱 번의 연애를 했다. 아니 정확히는 스무 번이다. 원래 연애는 혼자서는 못하는 법. 열일곱 개의 사례는 성공적으로 텍스트로 재생되었고, 세 개의 사례는 기업의 사정으로 책에 싣지 못하고 이루지 못한 사랑처럼 기억 속에 기록되었다.

스스로 홀대하던 나의 오지랖과 팔랑귀가 역할을 제대로 해준 1년 반이었다. 한 꼭지 한 꼭지, 사례를 다룰 때마다 몰입하여 울고 웃었다. 젊은 기업들이 겪은 어려움과 그 고난 극복의 이야기들 때문에 가슴이 뛰었고 밤잠도 설쳤다.

창업을 준비하거나 스타트업을 운영하며 어려움을 겪고 있는 이들을 위해 준비했던 메시지가 메아리가 되어 나에게 들려왔다. 나는 화자話者이면서 동시에 청자聽者였다.

글을 써 내려가는 과정은 과거의 나를 되돌아보고 미래의 방향성을 확인하는 시간이었다. 비커 안의 흙탕물이 자갈과 흙과 모래와 맑은 물로 분리되는 시간. 삶의 미션이 선명해진 기분이 든다. 아직 이루지 못한 것들을 향한 도전, 그 길을 함께할 인생 내비게이션을 만났다.

ESG는 단순한 규제 준수나 기업 이미지 개선 차원의 문제가 아니다. 본질은 기업과 사회가 지속 가능하게 공존하는 방식을 고민하는 데 있으며, 기업의 철학과 연결되는 핵심 개념이다. ESG 개념은 2006년, UN PRI^Principles for Responsible Investment, 책임투자원칙가 발표되면서 금융시장과 기업 경영에서 본격적으로 자리 잡았다.

용어 자체는 투자자의 관점에서 정립되었으나 투자자의 시선으로만 해석되어서도, 단순한 마케팅 전략으로 소비되어서도 안 된다. 정치적 메시지에 영향을 받거나 한시적 트렌드로 인식되는 것은 더욱 안타까운 일이다. ESG 경영은 삶과 비지니스에 대한 태도, 즉 사회 구성원으로서 '어떻게 살아갈 것인가'에 대한 이야기다.

이 책을 통해 기업의 ESG 실천과 그 과정에서 디자인이 얼마나 중요한 역할을 하는지도 함께 나누고자 했다. 책에 실린 사례들은 디자인이 ESG 경영의 훌륭한 도구임을 보여준다. 디자인은 좀 더 나은 삶의 공간과 환경을 구축하고, 기업의 메시지를 선명하고 감도 높게 전달하고, 기업과 사회를 직관적으로 견고히 연결한다.

책장을 덮었을 때 'ESG는 어려운 것이고, 디자인은 외형적인 것'이라는 각각의 선입견이 자연스럽게 바뀌어 있길 기대한다.

한순간의 완벽이 아닌 점진적인 변화를 위해 지금 할 수 있는 일을 해보자. 자신만의 철학과 실행력을 갖춘 아름다운 기업들과 함께 써 내려간 이 이야기가 삶의 출발점이나 변곡점에 서 있는 당신에게 다정한 길잡이가 되어, 더 나은 세상을 만드는 데 조금의 도움이라도 되길 바란다.

'완벽함에 얽매이지 말라.
도전받는 것을 피하지 말라.
진실하게 실천한다면 세상은 바뀔 것이다.'

_파타고니아 아시아 총괄, 브레멘 슈멜츠

제주도 애월, © 백지희

기억은 바람이 되어 등을 떠밀고, 미래는 속삭인다.
"괜찮아, 다시 시작해도 돼."

오늘 우리의 발자국은 누군가의 출발점이 되고 또 다른 이정표가 된다.

디자인은 휴머니즘이다
고로 존재한다

초판 1쇄 인쇄 2025년 8월 20일
초판 1쇄 발행 2025년 8월 28일

지은이 | 백지희
펴낸이 | 박찬근
펴낸곳 | (주)빅마우스출판콘텐츠그룹
주　　소 | 경기도 고양시 덕양구 삼원로 73 한일윈스타 1422호
전　　화 | 031-811-6789
팩　　스 | 0504-251-7259
이메일 | bigmouthbook@naver.com
편　　집 | 미토스
표지디자인 | 김아란, 뿌리
본문디자인 | 디자인 [연;우]

ⓒ 백지희

ISBN 979-11-92556-42-0 (03600)

※ 잘못 만들어진 책은 구입처에서 교환 가능합니다.